서울역사구술자료집 ⓬

구두 한 켤레에 일생을 담다

- 염천교의 구두장인들

일러두기

1 이 자료집은 '염천교 구두장인들의 일과 삶'이라는 주제로 2018년 채록된 10건의 구술녹취문 중 핵심 내용만을 발췌하여 편집하였다.

2 이 자료집은 각 구술자들로부터 자료이용 및 도서발간에 대한 동의를 받은 후에 발간하였다.

3 이 자료집은 독자들이 쉽게 읽고 이해할 수 있도록 구술 내용을 크게 훼손하지 않는 범위 내에서 편집자가 편집·정리하였다. 면담자의 질문은 본문 중 글씨체를 달리하여 표시하였다.

4 구술 내용 중 구술자의 본능적인 놀람이나 느낌, 부름, 응답 따위를 나타내는 감탄사와 반복되는 단어들은 생략하였다.

5 구술 내용 중 사실을 재확인하거나 독자의 이해를 돕기 위해 설명이 필요한 부분은 각주를 달아 표시하였다.

6 본문 중 구술적 성격을 표시하기 위한 편집기호들은 다음과 같다.

" "	구술 내 인용문
( )	사투리나 잘못된 외래어 등을 표준어로 고친 것, 문맥상 지시어나 설명
……	구술이 중단되거나 구술자가 틈을 두고 이야기할 때
!	구술자가 감탄할 때
(중략)	구술이 이어지지 않고 앞뒤에서 생략되었을 때

7 본 구술자료집에서는 만 단위 이상의 숫자에는 천 단위로 쉼표를 넣었다.
예) 100만 5,678명, 3,500명 등

서울역사구술자료집 ⑫

구두 한 켤레에 일생을 담다

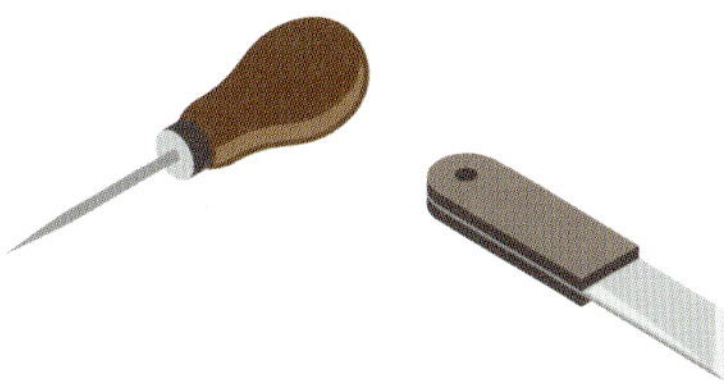

염천교의 구두장인들

서울역사편찬원

발간사

서울역사편찬원에서는 2009년부터 구술채록사업을 실시하고 있습니다. 구술채록의 목적은 서울시민과 공무원들의 다양한 서울 체험과 기억을 채록·정리하여 문헌사료의 제약과 공백을 보완하는 한편, 훗날 서울역사연구를 위한 자료를 다양하고 풍부하게 생산하는 데에 있습니다. 그중 흥미롭고 유익한 자료를 발췌·편집하여 《서울역사구술자료집》이라는 책자로 시민 여러분께 돌려드리고 있습니다.

구술자료집은 시민들이 쉽고 친근하게 접할 수 있는 책입니다. 다소 딱딱하거나 지루한 주제라도 현장에서 직접 활동했던 사람들의 목소리로 들을 때는 좀 더 생생한 역사의 숨결을 느낄 수 있습니다. 그렇지만 개인의 삶은 주관성을 띠게 마련이며, 그것을 재현해 낼 때 일부 왜곡을 피할 수 없습니다. 문헌자료도 마찬가지입니다. 그렇기에 역사가들은 엄격한 사료비판을 거칩니다. 구술도 역사자료로 활용할 때에는 더 엄격하게 검증과 사료비판을 거쳐야 할 것입니다.

독자께서는 구술자가 특정 사안을 어떠한 방식으로 기억하고, 이야기하는가에 주목하시면 좋을 듯합니다. 구술자가 어떤 부분을 의도적으로 강조하는지 혹은 은폐하는지, 그 행간에 가려진 목소리를 들으신다면 독자께서는 구술자와의 쌍방향 소통을 체험하실 것입니다. 또한 공식화된 기억 너머, 구술자 고유의 체험과 목소리를 들으실 수 있으실 겁니다.

이번에 출간하는 구술자료집은 염천교 구두장인들의 일과 삶을 담았습니다. 염천교 일대를 무대로 활동한 구두장인들이 어떻게 살아왔는지, 그들이 구두일을 어떻게 배웠는지, 당시 서울의 제화산업이 어떻게 변화하였는지, 그것에 있어 염천교가 어떠한 역할을 했는지에 대한 이야기입니다.

가죽을 재단하고 박음질하며, 창을 깍아서 오려내고, 그렇게 한땀 한땀 구두를 만들어가는 과정 속에는 장인들의 일과 삶이 녹아있습니다. 그리고 그들이 경험했던 일과 삶은 서울 중소상공업의 변화상을 반영하고 있습니다. 장인들이 만든 한 켤레의 구두 속에도 서울이 바뀌는 모습이 담겨있다고 하겠습니다. 따라서 이 책에 수록된 염천교 사람들의 이야기는 작지만 중요한 서울의 중소상공업과 일상의 변화를 알 수 있는 단서가 될 것입니다.

마지막으로 구술에 참여해 주신 장인 여러분과 구술채록사업을 진행해 주신 면담책임자 및 구술채록 과정에서 많은 도움을 주신 관계자 여러분, 자료집의 편집과 발간을 진행한 서울역사편찬원 연구원들의 노고에 깊이 감사드립니다.

2021. 6.

서울역사편찬원장 **이 상 배**

목차

총설

구두가 한국에 처음 소개된 것은 개항기였다. 원래 구두라는 명칭은 일본어인 '구쯔[くつ]'에서 유래하였고, '구쯔'는 영어로 잡화를 뜻하는 'goods'에서 나온 말이라고 한다. 개항과 함께 서양과 일본 상인들에 의해 각종 양품들과 서양식 의복들이 수입되기 시작하였다. 이때 구두도 같이 들어오게 되었다. 그러다가 갑오개혁기인 1895년 군대와 경찰제도를 개혁하면서 서양식 군복과 경찰복을 도입하였고 신발 역시 서양식 구두로 바뀌었는데, 정부에서는 이를 위해 광교에 피복회사를 세우고 군부와 경무청에서 사용할 서양식 제복과 구두를 제조하게 했다.[01]

개항 이후 보급된 각종 양품들과 양복은 근대 모던의 상징이었다. 그리고 구두는 양복을 입은 모습을 완성시켜 주는 상품이었다. 전통 한복 대신에 양복을 입고 구두를 신는다는 것은 낡은 전통적 가치관을 버리고 근대적 사고방식을 가졌다는 것을 증명하는 행위였다. 이러한 모습은 일제강점기를 넘어 광복 이후에도 한동안 지속되었다. 한국경제가 성장하기 이전 구두는 일상에서의 생활용품이 아닌 '신사숙녀의 상징'이었다. 그리고 구두는 바로 서울을 중심으로 만들어지고 팔려나갔다. 그 가운데 한 곳이 바로 염천교 일대였다.

---

01 《독립신문》 1896년 4월 16일; 《동아일보》 1926년 1월 12일; 서울역사편찬원, 《근현대 서울의 복식》, 2016, 85~87쪽. 구두가 외국에서 들어온 사례는 무역기록에서 확인할 수 있다. 예를들면 1896년 8월 인천항에서는 양화(洋靴) 39켤레가 69원에 수입되었다(《通商彙纂(韓國篇)》 4, 471쪽).

염천교는 중구 의주로2가에 위치해 있다. 염천교라는 지명은 본래 조선 시대 숭례문 밖에서 화약을 제조하는 염초청焰硝廳 옆에 있었던 다리에서 유래했다. 한자명으로는 焰廳橋(염청교) 혹은 焰硝廳橋(염초교)라고 썼는데, 이후 음이 변하여 鹽川橋(염천교)가 되었다고 한다. 현재 이곳에 있는 다리는 1940년대 개수를 하면서 석조타일 형태가 되었다가 서울역~충정로간 지하차도를 만들면서 1978년 5월 아스팔트-콘크리트 포장으로 바뀌었다.[02]

염천교에 구두상점들이 들어선 것은 언제부터였을까? 일제강점기 서울의 상점과 공장 분포를 보면 당시 염천교 주변인 봉래정과 중림정 지역에는 고무신을 만들던 공장들이 확인된다.[03] 구두상점들은 종로나 본정 등 등 한국인과 일본인 상권의 중심 지역에 위치해 있었다. 구두공장들 역시 광복 이후 6·25전쟁 이전까지는 염천교 일대가 아닌 종로 지역이나 중구의 충무로, 혹은 영등포 등지에 있었다.[04]

일제강점기 염천교에 대한 신문기사를 보면 '거지굴', '범죄자', '자살자' 등과 관련된 내용들이 많다. 실제로 당시 염천교가 있었던 봉래정 일대에는 빈민굴이 있었으며, 생계를 비관한 사람들의 투신이나 각종 강도와 절도 범죄가 지속적으로 발생하던 곳이었다.[05] 식민지 도시의 빈곤 문제가 해결되지 못하면서 발생한 모순이 외곽 지역으로 배출되어 우범지대로 변하는

02 《동국여지비고》 권2, 한성부 산천; 서울특별시 시사편찬위원회, 《서울지명사전》 2009, 1434쪽. 참고로 염초청은 청계천 마전교 앞(현재의 중구 방산동 4-24)에도 있었다.

03 京城商工會議所, 《京城に於ける工場調査》, 1943, 38쪽.

04 朝鮮新聞社, 《大京城都市大觀》, 1937, 71쪽; 《공업신문》, 1948년 8월 26일; 《공업신문》, 1948년 8월 27일.

05 《동아일보》, 1924년 7월 31일; 《동아일보》, 1929년 1월 10일; 《동아일보》, 1935년 11월 9일; 《동아일보》, 1938년 4월 16일.

전형적인 모습이었다고 하겠다. 이러한 양상은 광복 후에도 한동안 지속되었다.

이 지역은 1930년대 후반 청과물시장이 들어섰으며, 해방과 6·25전쟁의 혼란을 겪으면서 의복과 철물을 파는 노점들이 들어서기 시작했다.[06] 그러면서 피혁도매업자들도 이곳에 자리를 잡기 시작했다. 이와 더불어 구두를 파는 상점들도 속속 들어섰다.[07] 아마도 피혁상가가 들어서면서 관련 업종인 구두상점과 공장들이 모여들었던 것으로 생각된다.

1970년대부터 염천교 지역은 구두상가로서 확실한 입지를 다지게 되었다. 당시 신문가사들을 보면 염천교에서 만들어진 구두는 명동에서 만들어진 것과 비슷한 품질이면서도 값은 절반, 혹은 그 이하로도 구입할 수 있다고 보도하였다.[08]

> 명동 등엔 양화점들이 즐비하다. 값 또한 최고다. 조흥은행 본점 앞 청계천 2가로 가는 길엔 구두 한 켤레 1천7백 원 균일이다. 하지만 여기보다 싼 곳은 염천교 옆에 집중된 구두방에선 1천5백 원이면 명동의 3천5백 원과 맞먹는 것을 살 수 있다. 그렇다고 질이 나쁜 것도 아니다.

1980년대부터 1990년대까지 염천교는 '전성기'를 맞이하였다. 경제성장에 따른 소득 증대와 패션에 대한 관심이 높아진 것도 한몫했다. 또한 자체적으로 구두를 생산해 판매하던 지방의 구두상점들이 비용과 인력

---

06 《조선일보》, 1939년 3월 31일; 《매일신보》 1941년 7월 22일; 《조선일보》, 1961년 2월 21일; 《매일경제》, 1976년 9월 27일.
07 《경향신문》, 1969년 2월 6일; 《매일경제》, 1969년 6월 9일.
08 《매일경제》, 1973년 9월 22일.

수급 문제로 1980년대부터는 직접 서울로 올라와 기성화를 도매로 납품받기 시작하였다. 염천교는 그러한 도매상들의 주요 거래처가 되었다. 당시 전국에서 팔리는 구두 중 상당수는 염천교에서 만든 제품이었다.[09] 이것은 대형 기성화 업체들이나 성수동 지역과도 비견될 수준이었다.

또한 수작업에 의존했던 작업이 1970년대부터 차츰 기계화가 되면서 노동력이 절감되었다. 인조피혁 등 새로운 재료들도 등장하면서 비용도 절감되었고 생산량을 늘릴 수 있었다. 서울 중심부에 있으면서도 상대적으로 임대료가 저렴했기 때문에 명동이나 남대문시장에 있던 구두공장들도 이곳으로 옮겨왔다. 이 책에서 등장하는 장인들 역시 이시기를 염천교의 '전성기'로 구술하고 있다.

하지만 2000년대 이후 인터넷과 홈쇼핑이 등장하였고, 저가의 중국산 제품이 시장을 잠식하였다. 소비자들도 소위 '명품'이 아닌 이상 저렴한 제품을 선호하였다. 국내 중소제조업체들이 중국산 저가 제품 공세로 인해 시장에서 어려움을 겪는 것과 같은 현상이라고 하겠다.

이에 염천교 장인들이 눈을 돌린 것은 가격이 아닌 품질로 승부하는 수제화와 특수화 분야였다. 많은 양의 공장식 기성화를 생산하던 체제에서 수작업을 통한 높은 품질의 제품을 내놓는 방식으로 활로를 찾은 것이다. 저가의 중국산 기성화가 충족시킬 수 없는 수제화만의 견고함과 마감, 소비자 개개인을 위한 맞춤형 구두, 그리고 댄스화와 같은 특수화 시장 개척이 그러한 것들이라고 하겠다.

---

09 《경향신문》, 1983년 5월 28일; 《조선일보》, 1991년 4월 8일; 《한겨레》 1997년 7월 4일.

본 구술자료집에 등장하는 장인들은 대부분 10대 중후반부터 구두일을 배우기 시작했다. 이들의 전문 분야는 제조 공정에 따라 갑피와 저부로 나뉜다. 갑피는 구두의 발등 부분을 디자인에 맞춰 자르고 박음질해서 붙이는 작업이다. 저부는 갑피를 바닥창에 붙이고 밑창과 굽, 깔창 작업을 통해 구두를 완성시키는 작업이다. 이외에 구두의 디자인을 만들고 평면의 실제 구두 가죽에 그러한 패턴을 도안하는 패턴사도 있다.

이들이 구두일을 처음 시작할 때에는 견습으로 시작했다. 이때 견습은 하견습·중견습·상견습으로 나눠졌는데, 이들을 데리고 실제 작업을 하는 이는 '선생'으로 불리는 기술자였다. 처음 하견습으로 시작할 때에는 잔심부름을 하다가 중견습과 상견습 단계가 올라가면 선생을 도와 일정부분 제작에도 참여한다. 그러다가 선생이 되면 독립해서 견습생들을 데리고 일하는 구조였다. 받는 돈은 단계에 따라 달랐으며 선생의 실력은 서울과 지방간에 어느정도 차이가 있었다고 한다. 물론 기계 장비의 보급과 시대가 변함에 따라 오늘날에는 견습생 없이 기술자 혼자서 작업을 한다.

선생이 되기 위한 공식적인 인증 절차가 있는 것은 아니었다. 상견습으로 일하다가 기술을 익히면 기존의 선생이 인정해주거나, 혹은 나와서 자칭하는 형태였다. 견습 단계가 올라가는 것도 마찬가지였다. 물론 선생이 되는데 필요한 기술은 누가 가르쳐 주지 않았기 때문에 어깨 너머로 배워야 했다.

당시 구두업계는 인력이 항상 부족했다. 기술을 익혀 선생이 되면 어디든지 갈 수 있었다고 한다. 구술자들 모두가 공통적으로 말하는 것은 '수백만 원의 선금'과 '잦은 이직'이다. 또한 과거에 비록 '선생과 제자' 관계라고 하더라도 학교와 같은 사제 관계보다는 비즈니스적인 수평 관계가 더 많았다고 한다.

한편 오늘날 장인들이 제화업계의 가장 큰 문제점을 뽑는 것은 도급제이다. 도급제란 노동자에게 일정한 작업량을 주고 수행 정도에 따라 대가를 지급하는 임금제도이다. '일한 만큼 받는다.'는 점에서 문제될 것이 없어 보이기도 하다. 많이 만들면 받는 급여가 높아진다. 하지만 불경기 때에는 수입이 줄어든다. 반면 호경기 때에는 과도한 노동으로 몸이 상하기 일쑤이다. 과거 선금을 받고 1년에 몇 번씩 공장을 옮겨 다니는 구조에서는 퇴직금이나 보험 역시 사각지대가 될 수밖에 없다.

저가의 중국산 기성화에 의한 시장 잠식과 유통 구조의 변화, 기술자들의 고령화는 도급제의 단점을 더욱 키우는 요인이 되었다. 물론 그들도 현실적으로 어느 정도의 매출 규모가 있어야 월급제가 시행될 수 있다는 것을 알고 있다. 우리와 사정이 비슷한 일본이 도급제로 운영되고 있으며, 생산 규모가 뒷받침되는 중국이 오히려 월급제를 실시한다는 것 역시 알고 있다.

이러한 문제점을 해결하기 위해 장인들이 선택한 것은 조합을 만드는 것이었다.[10] 이에 2014년부터 중구청을 비롯해 국민대 등과 함께 다양한 행사와 판로 개척에 나서게 되었다.[11] 그렇지만 아쉽게도 현재 이들이 만든 조합은 2020년부터는 활동이 중지된 상태다. 구두일을 정리하거나 고령의 회원 중 별세하는 분들이 계셨기 때문이다. 코로나19 역시 영향을 끼쳤다. 그렇지만 장인들의 이러한 노력은 향후 염천교가 어떠한 방향으로

---

10 염천교가 호황이었을 당시에도 상우회가 존재했다. 하지만 경기가 나빠지면서 활동이 유명무실해졌다(《경향신문》, 1987년 7월 30일; 《동아일보》, 1995년 9월 14일).

11 《중구자치신문》, 2014년 12월 10일; 《한국경제》, 2015년 7월 14일; 《국민일보》, 2017년 12월 21일; 《한국경제》 2019년 1월 31일.

나아가야 할 것인가에 대한 해답을 제시하는 과정이라고 할 수 있겠다.

본 구술자료집에는 모두 10명의 구술을 담고 있다. 먼저 1951년생인 박해권은 전라남도 보성에서 태어났고 고향에서 구두일을 시작한 인물이다. 10대 후반 서울로 올라와 1980년 무렵 염천교에서 구두공장을 세웠다. 현재에도 댄스화 전문점을 운영하고 있으며 수선업도 겸하고 있다. 한때 중국에 진출하기도 하였으며 댄스화 개발을 위해 직접 댄스를 배우기도 하였다. 그가 말해주는 중국 진출 일화와 이후 한국으로 들어오는 저가의 중국산 기성화로 인한 어려움은 우리나라의 다른 영세 제조업들의 그것과 같은 맥락에서 읽을 수 있는 부분이라고 하겠다. 물론 특수화 분야인 댄스화를 개척하고 직접 댄스를 배워가며 개발에 힘써 돌파구를 찾는 모습은 장인이 가진 개척정신을 잘 보여주는 것이라고 하겠다.

1964년생인 조동희는 충청남도 청양에서 태어났고 1970년대 후반 서울로 상경해 영등포와 대림동, 염천교 지역 제화점에서 장인으로 활동했다. 그는 자신의 사업장을 운영하지 않으며 기술자로서의 삶을 살아온 인물이다. 그가 말해주는 견습생 시절 구두일을 배우는 과정이나 구두공장 풍경, 기술자들의 이직 문화는 그 시절 소규모 공장에서의 일상과 삶이 어떠한 모습이었는지를 엿볼 수 있게 해 준다.

1952년생인 전기태는 충청북도 청주가 고향인데 그곳에서 상고를 졸업하고 은행에 취직했다가 구두업으로 전직한 경우이다. 다른 구술자들과 달리 패턴사 일을 맡은 장인이다. 구두 패턴을 뜨는 패턴사 일은 100명 중에 1명이 맡을 정도로 구두에 대한 뛰어난 감각과 높은 기술이 요구된다. 그는 고향인 청주에서 시작해 금강제화 디자인 실장, 제일모직 구호(KUHO)에서 패턴사로 일하는 등 많은 경험과 노하우를 가지고 있는 장인이다. 그는 한국의 수제화도 외국의 유명 구두들과 충분히 경쟁할 수 있다고 자부한다. 가격이 아닌 품질로 승부해야 한다는 그의 의견은 염천교만이 아닌 아니라 한국의 중소 제조업들의 공통된 고민이기도 하다.

1947년생인 정상만은 전라남도 보성에서 태어났다. 그는 광주에서 양화점을 운영하다가 1970년대 중반 상경하였고 1980년대부터 중반 염천교에 구두공장을 차렸다. 그는 기술 개발을 통해 고급 구두를 만들고, 2002년 월드컵 당시에는 축구공 구두를 제작하는 등 끊임없이 노력하는 장인의 모습을 보여주고 있다. 아울러 그는 염천교가 수제화와 특수화 분야에서 경쟁력을 가지고 있다고 말하면서, 도급제나 과도한 납품 경쟁이 그것을 막고 있다고 지적한다.

1955년생인 고기황은 전라북도 장수에서 태어났다. 대전에서 중학교와 고등학교를 다녔고, 그곳 양화점에서 일하다가 1970년대 중반 상경한 인물이다. 그는 대전에서 미군 군화 밑창을 재활용해서 구두를 만들었으며, 서울에서 창 가공 기술을 개발하고 공장을 운영해서 전국적으로 판매하기도 했다. 그가 말해주는 미군 군화의 재활용은 6·25전쟁 이후 미군 물자가 우리의 일상생활에서 어떻게 사용되었는지를 잘 보여주는 것이라고 하겠다. 아울러 그가 만드는 맞춤형 깔창과 수제화는 염천교가 어떤 방식으로 나아가야 하는지를 제시한다고 하겠다.

1962년생인 권혁남은 강원도 동해에서 태어났다. 이후 고등학교 때 서울로 올라왔고 1980년대 후반 염천교에서 공장을 세웠다. 그 역시 염천교 경기가 좋았던 시절을 기억하고 있으며, 오랫동안 구두업계의 모순이었던 도급제의 문제점도 함께 지적하고 있다. 또한 염천교 구두의 품질을 높이기 위해 장인들이 어떠한 노력을 해야 하는지도 말해준다.

1949년생인 김영배는 충청남도 부여에서 태어나 10대 후반 서울로 올라와 구두일을 시작했다. 이후 여러 지방의 기술자로 활동했으며 염천교 기성화가 호황이었던 1980년대 중후반부터 이곳에서 공장을 운영하였다. 그의 구술에는 그전까지 가죽이었던 구두소재가 합성피혁으로 바뀌면서 명동 중심의 구두상권이 해체되는 모습이 담겨있다. 또한 기술자들의 이직 문화와 당시의 인력 수급 구조, 경영자로서 중국과 일본의 구두산업에 대한 객관적인 시각을 엿볼 수 있다. 아울러 개성공단에서 시도했던 기성화 제조에 대해서도 말해주고 있는데, 향후 남북관계가 개선되어 투자가 활성화된다면 기업들이 어떠한 방향으로 전략을 세워야할지 참고할 만한 부분이다.

1949년생인 안효성은 경기도 파주에서 태어나 10대 후반부터 구두일을 시작했다. 이후 20대 후반 마포에서 연탄창고를 빌려 구두공장을 차렸다. 그는 잘나가는 청년사업가였고 저부 장인으로서 높은 실력을 가지고 있다. 이후 2000년대 초반 홈쇼핑의 '갑질'로 좌절하기도 했지만 웰빙화와 맞춤 깔창을 통해 재기한 경우이다. 그의 구술에서는 염천교와 같은 중소상공인들이 인터넷이나 홈쇼핑 등 새롭게 변화한 유통 구조 속에서 어떻게 대처했는지 잘 나와 있다.

1935년생인 박재열은 전라남도 나주에서 태어났다. 휴전 이전에 서울로 상경하였고 1950년대 당시 유행했던 해군 단화를 많이 만들었다고 한다. 이후 명동을 비롯해 다른 지방에서 기술자로 일하거나 가게를 운영하였고, 2000년대 초중반 염천교에 자리 잡았다. 그는 1960년대 문산에 있던 미군기지 근처에서도 양화점을 운영했는데 미군기지 주변의 문화와 풍경에 대한 흥미로운 기억을 가지고 있다.

1949년생인 이금채는 전라북도 김제에서 태어났다. 20대 초반에 아현동에 본인의 가게를 열었다. 1980년대 중반부터 이화여대 앞 '분홍신' 구두점에서 일하다가 그곳 가게들을 인수하였고, 이후 염천교에서 장인으로 20년 넘게 활동하였다. 그는 말해주는 당시 견습생들의 일상이나 제화공들의 문화, 급여 체계 등은 그 시절 서울 중소상공업의 세부적인 일상을 알려주는 중요한 자료라고 하겠다. 이 책을 통해 염천교 지역의 모습이 어떻게 바뀌어갔는지, 그리고 그 속에서 장인들이 일과 삶은 어떠했는지를 알 수 있는 기회가 되기를 바란다.

본 구술자료집은 채록한 구술 자료를 독자들이 읽기 쉽게 편집한 2차 가공물임을 밝혀두고자 한다. 이 책의 내용 중 일부를 연구에 활용하거나, 더 세밀한 정보가 필요한 경우에는 반드시 소정의 절차를 밟아 서울역사편찬원이 소장하고 있는 원본 자료를 참조하기 바란다. 또한 본 구술자료집은 개인의 사적인 체험과 기억을 술회한 것이므로 일부 내용은 다른 독자들의 기억과 다르기도 하고 일부 과장되었을 수도 있다. 그러므로 독자들은 이러한 점들을 유의하여 읽어주기 바란다. 아울러 서울역사편찬원에서는 구술자 개인의 의사를 존중하기 위해 무리한 인터뷰를 자제함과 동시에 비공개로 요청된 부분은 편집과정에서 모두 삭제하였다. 또한 이 자료집은 녹취록을 바탕으로 원고를 정리였고, 구술자의 동의를 받아 발간하였음을 밝혀둔다.

2021. 6.

서울역사편찬원 전임연구원 류상진

"신발을 보면 신는 사람의 성격도 알 수 있어요"

| 박해권 |

주요약력 1951년 전라남도 보성 출생
1965년 중학교 때 고향의 광주양화점에서 견습 생활 시작
1969년 서울 상경
1979년 불광동에서 양화점 개업
1980년 염천교에서 공장 개업
2015년 수선업 병행

면 담 자 김영미(국민대학교)
면담주제 염천교 구두장인들의 일과 삶
면담일시 2018년 10월 25일
면담장소 염천교 수제화 거리 더존댄스화 가게

어린 시절

염천교에서 오랫동안 수제화를 만드신 장인 분들을 모시고 그 삶을 조명하는 서울역사편찬원 구술채록사업의 일환으로 인터뷰를 하겠습니다. 오늘은 박해권 더존댄스화 사장님을 모셨습니다. 자기소개 부탁드리겠습니다.

박해권이라고 합니다. 1951년생입니다. 저는 전라남도 보성군 조성면鳥城面에서 태어났습니다. 당시에는 면사무소에서 10리나 떨어져 있을 만큼 시골이었어요. 부모님은 벌교읍에서 가게를 했어요. 농기구 같은 걸 팔았죠. 농약이나 기계도 팔고요. 또 어머니가 보성에서 한복장사도 하시고요. 아버지는 서울로 이사 와서 돌아가셨죠. 제가 삼형제 중에 막내에요.

농기구랑 비료 팔고 그랬으면 집안 형편은 나쁘지 않으셨겠네요?

그렇죠. 그런데 어머니하고 아버지하고 사이가 좀 안 좋아서 두 분이 따로 떨어져서 살았어요.

어머니는 솜씨가 좋으셨나 보네요.

동네에서 제일 좋았어요. 한복 맞추러 다들 어머니한테 오고 그랬으니까요.

고향 양화점에서의 견습 생활

구두 기술은 어떻게 배우게 되었나요?

어머니가 하라고 했었죠. 중학교 다니다가 안 가고 그랬거든요. 도통 학교에 취미가 없었거든요. 집 앞에 광주양화점이라고 있었어요. 우리 선생[01]이었던 정상만[02]씨가 거기서 기술자로 일했어요. 그 분이 중견습이

---

01 견습공들을 데리고 실제 작업을 하는 기술자를 말한다.

었고, 제가 하견습이었어요. 선생 하나 있으면 3명이 달라붙어요. 상견습, 중견습, 하견습, 이렇게요. 한 다이(작업대)에 이렇게 빵 둘러 앉아서 같이 일하고 배우는 거죠. 배우는 사람들이 많이 있었거든요.

역할 분담이 어떻게 됐나요?

제일 처음에 막 처음에 거기서 배웠을 때는 못부터 폈어요. 지금은 못을 한번 쓰면 부러지니까 그냥 버리는데요. 예전에는 모아가지고 그걸 폈어요. 하견습이 할 게 없었거든요. 그럼 못 펴라고 하는 거죠. 그럼 못 피다가 중간에 안 한다고 가버려요. 그럼 아침에 데리러 오는 거죠. 저는 앞집이니까 데려와서 또 못만 펴는 거예요, 하루 종일 가서 못만 펴는 거죠.

구두를 만들 때 못을 휘어서 박아야 되나요?

그렇죠. 지금은 못을 반듯이 박고 그냥 빼버리는데, 그 전에는 못을 휘어박은 다음에 가죽을 당겨서 만들었거든요. 못으로 휘어박으면 더 당겨지거든요. 더 팽팽하죠. 틀이 딱 잡히니까 안 줄어들어요. 지금 신발은 비 한번 맞으면 축 늘어나서 불어요. 공장에서 신발을 만들면 힘 안 들이고 타카[03]로 타타타 쏘아서 찜통에 넣고 다음날 빼요. 그 당시 만들 때는 타카를 안 치고 하나씩 가죽을 당겨서 못으로 박으니까 조임이 세다는 거지요. 지금 수세화도 그렇게 만드니까 변형이 안 생기는 거죠. 오래 신어요. 밑창도 홍창[04]이라고 가죽을 깔아서 땀도 흡수하고 냄새도 잡아주죠. 요즘 신발들은 종이 같은 게 들어가서 마르면 빳빳해지고 조금만 신으면 볼이 튀어나오고 비틀어져서 변형이 생기죠.

---

02 이 책의 구술자 정상만님이다.
03 스테이플러를 말한다.
04 소가죽으로 만든 겉창(out sole)을 말한다.

그때에는 구부러진 못을 망치로 피는 일만 하루 종일 하신 거네요.

신경질 나는 거죠. 보름 정도는 하루 종일 그것만 했죠. 그런 다음에 풀 쑤라고 그러더군요. 밥풀 같은 걸 가루로 만들어서 불에 끓이는 거죠. 찹쌀풀이에요. 본드는 안 썼어요. 못으로 다 했어요. 제 기억으로는 본드를 쓴 적은 없어요. 왜냐하면 다 풀로 붙이고 못으로 박고 실로 꿰매는 거죠. 지금도 명품 신발들은 본드 안 써요. 그리고 그 시절에는 본드라는 건 구경도 못했죠. 서울 오니까 본드가 있긴 있더라고요. 어쨌든 서울 올라와서는 하견습인데 중견습이라 그랬죠. 아는 척하고 가서 배웠어요. 그럼 중견습으로 일하다가 또 다른 집에 가서 상견습이라고 하고 그랬죠. 여러 사람 거치면서 일하고 그랬죠.

찹쌀풀은 어떻게 쓰나요?

일단 끓이고 저어서 끈끈하게 죽을 만들어요. 그러면 끈끈하게 되죠. 그 다음에는 이 선심[05] 같은 것을 다 찹쌀풀로 붙이는 거예요. 굳으면 엄청 딱딱해지죠. 밟아도 들어가지도 않아요. 이것도 지금은 천이나 라텍스를 쓰지만 그 전에는 통가죽을 깎아가지고 만들었어요. 가죽이 두껍잖아요. 빳빳하고요. 그러니까 물에다 담궈 놓으면 노글노글해지잖아요. 그럼 유리판에다 놓고 얇게 깎아내는 거죠. 지금은 스끼기계[06]가 있지만 그 전엔 없었잖아요. 아침에 딱 출근하면 칼 가는 것부터 배워 놓는 거죠. 칼 갈아서 딱 선생 것 놔두고, 견습 것도 놔두고, 그 다음엔 못 펴는 거였죠. 칼도 잘 갈아야지 못 갈면 들지도 않아요.

---

05 구두의 앞부분을 보호하기 위해 덧붙이는 부자재이다.

06 스카이빙 기계(Skiving Machine)를 말한다. 가죽의 옆면을 깍거나 쪼개는 장치이다. 피할기(皮割機)라고도 한다.

그래서 찹쌀풀 말고 다른 것도 썼나요?

송진도 있었어요. 실에 송진을 묻혀서 실을 강하게 만드는 거예요. 지금은 송진 비슷하게 화학약품으로 나와요. 실이 방수가 되면서 빳빳해지고 힘이 생기는 거예요.

실에 송진 먹이는 것도 그 양화점에서 다 했나요?

그렇죠. 송진을 사서 했죠. 송진 먹이는 작업은 하견습이 했고요.

광주양화점에서 하견습으로 몇 년 정도 배우셨나요?

2~3년 됐을 거예요.

그만두고 싶지 않으셨어요? 공부하고 싶지는 않으셨나요?

공부보다는 놀고 싶어 했죠. 공부에는 취미가 없었어요. 맨날 놀았죠. 학교 다닐 때도 책가방 가지고 가서 땡땡땡 소리 나면 나오고, 운동장에서 놀고 그랬죠. 어머니가 하는 한복점에 가면 엄마 10원만 줘, 1원만 줘, 과자 사먹었죠. 어머니는 스트레스 받으면 중간 형이, 그 분은 돌아가셨는데, 잡으러 쫓아오고 그랬죠. 속 썩였죠. 가라는 학교는 안 가고 맨날 돈만 달라니까요. 도망가다가 잡혀가지고 뒤지게 맞기도 하고, 기억이 많이 남아 있어요.

그럼 초등학교는 어느 초등학교 나오셨어요?

보성초등학교예요. 졸업이 몇 해인지 모르겠어요. 한 28회인가? 지금 내가 68이니까….

언제 구두 일을 시작하셨어요?

중학교 2학년 정도에 중퇴해서 시작했어요. 보성중학교였죠. 초등학교도 보성국민학교에요.

구두 만드는 것은 손재주가 필요하잖아요. 어릴 때 만들기 하는 것을 좋아하고 그랬나요?

연이나 팽이 같은거는 곧잘 만들었어요. 다른 애들에 비해서 잘 만들었지요. 스케이트였나, 스키였나, 그거 만들어 가지고 논으로 들고 가서 타고 놀았죠. 지금 우리 아들도 만드는 걸 좋아해요. 컴퓨터도 좋아하고요. 우리는 그때 거기는 그것밖에 없었어요. 어머님이 바느질 솜씨가 좋았던 것처럼 저도 그랬던 거 같아요. 그래서 수선도 다 하는 거죠. 가방은 좀 안 해봤으니까 못하지만 신발은 안되는 거 없거든요.

어머니가 선생님은 공부하기는 싫어하지만 손재수가 있다고 보시고 이 일을 시키신 거네요?

그렇죠. 천만다행이었죠. 큰 형은 공부를 좋아하고, 작은 형도 공부를 좋아했는데, 저만 학교라면 고개를 좌우로 흔드니까요. 지금 그래도 어머니가 앞을 내다보았어요. 그런 생각이 들어요. 그냥 내버려 두었으면 뭐가 되겠어요? 아마 노숙자 같이 되겠죠.

광주양화점에서는 주로 어떤 신발을 만들었나요?

주로 남자 것만 만들었어요. 앞에 구멍이 나 있는 거죠. 손으로 다 뚫었죠. 갑피[07]를 가져오는 거죠. 갑피점이라고 옛날에 있었거든요. 예를 들면 '오쏘'[08]가 원래 갑피점이었어요. 옛날에는 분야별로 가게가 다 있었어요. 갑피 따로 있었고, 바닥 따로, 저부[09] 따로, 그래서 우리가 주문을 맡으면

---

07 구두의 발등 부분을 디자인에 맞춰 자르고 박음질해서 붙이는 공정이다. 제갑이라고도 한다.

08 이 책의 구술자 권혁남님이 운영하는 염천교 제화점 '오쏘코리아'를 말한다.

가서 갑피를 사다가 바닥을 만들었죠. 광주양화점도 갑피는 안 했어요. 지금은 바닥이 아주 조립식이에요. 그런데 갑피는 다 잘라서 미싱을 박거든요. 바닥 작업이랑 갑피 작업이랑 10개씩 한다고 치면 갑피가 3시간 정도 더 걸려요. 그런데 공전工錢은 다들 비슷비슷하거든요. 그러니까 바닥이 갑피보다 돈을 더 잘 벌어요.

광주양화점에 있었을 때 사장님은 어떤 분이셨나요?

그분 이름이 박충호인가? 이충오인가? 잘 기억이 안 나요. 충호라고는 했어요. 그리고 머리가 고슴도치 같았어요. 그래서 도치라고 부르고 그랬어요. 제가 처음 들어갔을 때 그분 나이가 대략 45살 정도였었죠. 구두 기술은 일본 사람한테 배웠다고 들었어요. 광주에서 살다가 보성에 와서 보성 사람이랑 결혼하고 신발 가게 하나 차린 거죠. 그 양반 돈 잘 벌었을 겁니다. 우리는 그때 그런 걸 모르고, 10원, 20원, 받을 돈만 따지고 그랬죠.

서울 상경과 구둣방 취직

서울에는 언제 올라오신 건가요?

보성에서 3년 정도 하다가 서울로 왔어요. 큰형이 서울에서 우체국을 다녔어요. 내가 처음에 온 건 18~19살 정도였어요. 그리고 몇 번 왔다 갔다 하다가 완전히 올라왔죠. 처음에는 신설동에서 취직했다가, 면목동 갔다가, 영등포 갔다가, 구로동 갔다가, 여기저기 많이 다녔어요. 종로로 갔다가, 퇴계로, 명동 갔다가, 하여튼 수도 없이 다녔지요. 그리고 옮길 때마다 돈이 조금씩 오르는 거죠.

---

09 갑피를 바닥창에 붙이고 밑창과 굽, 깔창 작업을 통해 구두를 완성하는 공정이다.

1970년대 염천교 모습

처음 서울 구경 오셨을 때 서울의 첫인상이 어땠어요?

그런 건 별로 신경을 안 썼어요. 그냥 형 집에 갔다가 돈 얼마 주면 다시 광주로 내려갔다가 그랬거든요. 그때 이미 서울에 전철이 있을 때였어요.[10] 전철도 이미 오래된 것처럼 보였거든요. 오히려 염천교 다리, 지금은 헐어버렸는데, 거기서 야바위들한테 속았던 게 기억나죠. 돈 놓고 돈 먹기 하다가 1달 번 거 1번에 다 날린 적도 있었거든요.

서울에 올라와서 첫 번째 직장이 어디였어요?

신설동이었어요. 사촌이 거기 구둣방에서 일하고 있었거든요. 사촌이 그 옆 가게에 소개를 해줬어요. 그때 신설동에 조그만 구둣방들이 많이 있었어요. 거기서 5개월 있다가 청량리의 오스카양화점으로 옮겼지요.

---

10 서울 지하철 1호선이 개통된 시기는 1974년이다.

여러 군데 직장을 옮기는 데 문제는 없었나요?

그때는 다들 직장을 서로 많이 옮겨 다녔어요. 또 그때는 선금이라는 게 있어서 내가 어디로 간다고 하면 "여기 20만 원 물려있는데요."라고 선생한테 그래요. 그럼 선생이 30만 원을 저한테 주는 거죠. 그러면 10만 원은 제가 쓰고, 20만 원은 선금을 갚고, 그리고 연장 찾아가지고 다음 직장으로 가고, 맨날 그랬어요. 지금은 선금제가 없어졌지만 그 전엔 다 나갈 때 갚고 나가고, 가는 집 거 받아다가 갚고 그랬지요. 옛날에는 다 그랬어요. 경기가 그만큼 좋았단 거죠. 총각 때는 벌어서 많이 썼어요. 대신에 벌어서 사기도 당하고 우여곡절도 많았죠.

양화점 개업과 위기

선생님께서 서울에서 본인이 가게를 열어서 독립해야겠다는 생각은 언제 하셨어요?

제가 불광동 독바위 근처에 양화점을 차렸어요. 군대에서 제대한 뒤니까 28~29살 정도였어요. 결혼한 다음이었어요. 조그마한 가게였어요. 지금도 거기는 안 헐리고 그대로 있더라고요. 저랑 우리 집사람이 잠자면 꽉 찼어요. 거기서 저녁에 자고 아침에 장사하고 그랬어요.

가게에 딸린 방에서 신혼생활을 하신 거네요.

우리 와이프하고 그랬죠. 돌아눕지도 못해요. 판자로 만들어 놔가지고 말이죠. 돈이 없으니까 그렇게 살았던 거죠. 거기서 하다가 홍은동으로 옮겼죠. 홍은동의 유진상가 근처에서 가게를 했어요. 그 다음에서는 서대문 쪽, 서대문 교도소 앞에서 했고요. 그때 일하고 있을 때가 박정희 씨가 서거했을 무렵이었어요. 사람들이 죄다 전철 타고 시청으로 갔을 때였어요. 광화문 쪽에 사람이 많으니까 그쪽에서는 막 우는 소리가 나고 그랬죠.

그때 서대문에서 사기도 당했어요. 청량리에서 같이 일하던 선생이었는데 명동에 가서 동업하자고 그러더라고요. 그러고 일주일 되니 차압이 들어오더라고요. 순진했던 거죠. 홀딱 망했었죠.

군 복무 시절의 구술자(구술자 제공)

명동에 가게를 내자고 말했나요?

예, 자기 가게를 하고 있었거든요. 저한테 가게 팔아 투자를 하라고 그러더라고요. 그래서 투자를 했던 거죠. 제 가게를 얼마에 팔았는지도 몰랐어요. 그러고 나서 1주일 동안 출근했는데, 차압이 들어오더라고요. 홀딱 날린 거죠. 진짜 기가 막혔죠.

굉장히 위기였네요.

진짜 위기였어요. 얼마나 기가 막혔겠어요? 가진 거 다 털렸으니까요. 덕분에 제가 한동안 방황을 했어요. 2년 정도 그랬죠. 그래서 우리 마누라도 진짜 고생 많이 했어요. 우리 마누라 불광동에서 갑피점을 했거든요. 불광동에서 배 불러가지고 가게를 다녔죠. 진짜 충격 많이 받았었죠. 선생이 그 짓거리를 했으니까. 때려 죽여불고 싶었죠. 그래도 세월이 가니까 또 웃어지더라고요. 잊혀져버렸죠. 그러고 나중에는 그 선생 몇 번 만나기도 했어요.

그럼 어떻게 일하신건가요?

이후에 명동의 구두 공장으로 일하러 다녔죠. '맥과이어'라는 곳이었어요. 가게는 명동에 있었고, 공장은 퇴계로에 있었어요. 선금도 받고 했죠. 집도 연희동으로 이사했고, 거기서 20~30년 살았을 거예요.

당시에는 몇 시부터 몇 시까지 정도 일을 하셨어요?

아침에는 보통 8시에 출근해요. 퇴근은 일이 많으면 11시까지도 일하고 퇴근하죠. 이것은 일이 얼마큼 있느냐에 따라서 다르죠. 끝나야 집에 가는 거죠. 그렇게 하다 보니까 다시 신발 가게도 하고 공장도 하게 되었지요.

염천교에 공장은 언제 시작하신 거예요?

30년이 넘었지요. 대림장 여관이라고 한국경제신문 옆 건물인데요. 그 건물 지하에 있었어요. 30~40년 가까이 했네요.

화교를 통한 중국 수출과 중국 구두 업계의 성장

염천교가 전국 구두의 중심지였을 시기인 거죠?

그렇죠. 그때는 돈도 진짜 잘 벌었어요. 중국 신발도 납품하고, 하루에 한 1,500족씩 이렇게 만들어서 납품하고 그랬어요. 자주색 중국 신발이에요. 보석 같은 게 많이 박혀 있죠. 옛날에는 크링크[11]라고 했는데요. 그걸 이제 화교들한테 주문받아서 만들면 공항 차가 와서 싣고 가는 거죠.

11 가죽에 수지를 입혀서 광택을 내는 방식의 신발이다.

중국으로 수출하는 거네요.

그런 셈이었어요. 인수증을 받아서 퇴계로로 가면 돈을 주는 거죠. 그때 돈 좀 벌었죠. 대신에 좀 이따가 중국 가서 공장을 하다가 다 까먹었죠.

중국에서 공장을 하셨어요? 어디에 하셨어요?

처음 진출했던 건 잘 생각이 안 나요. 어쨌든 홍콩 옆에 심천深圳이라고 있어요. 거기가 경제특구[12]였어요. 그리고 심양瀋陽에서도 했었죠. 허송세월 했죠. 그때 퇴계로에 왕사장이라고 있었어요. 주문을 주던 사람이었어요. 그런데 그 사람이 공장 차린다고 하더라고요. 그래가지고 우리 같이 가서 하자고 했던 거죠. 우리는 기술을 대고, 자본금 좀 투자하고, 그런 식으로 해서 갔었죠. 그런데 중국에 갔으면 그쪽 내수에 집중해야 하는데 우리는 여기 서울 일에 매달리니까 결과적으로 잘 안됐죠.

그때는 우리 상품을 중국에 수출했던 때였잖아요?

중국 사람들이 우리나라 물건들을 다 가져갔죠. 그런데 화교를 통해서 가져갔으니까 엄밀하게 말하면 수출은 아니었어요. 우리는 족당 얼마씩, 우리는 여기서 도매로 파는 거죠. 그렇게 화교들한테 팔면 화교는 중국으로 보내고, 거기서는 돈 많이 버는 거죠. 이윤은 다 중국 화교들이 먹는 거였어요.

그런데 이제는 중국에서 구두를 만들어서 우리나라에 팔잖아요. 어떻게 그렇게 기술 이전이 빨리 된 건가요?

우리가 기술 이전을 많이 했지요. 중국에 한국 기술자들이 가자마자 다 가르쳤어요. 몇 개월씩 전수해주고 그랬지요. 지금은 중국도 잘 만들어요.

---

12 중국은 1979년부터 외국 자본과 기술의 도입을 목적으로 광둥성의 선전[深圳], 주하이[珠海], 산터우[汕头]와 푸젠성[福建省]의 샤먼[夏門]을 경제특구로 지정했다.

중국 출장 당시의 구술자(구술자 제공)

그런데 신발을 만드는 기술 다 배우려면 몇 년이 걸리잖아요?

거기는 우리처럼 한 사람이 다 만들지 않고 조립식으로 해요. 만약 옷이라면 와이셔츠 단추만 박는 사람 따로 있고, 팔 부분만 미싱하는 사람 따로 있고, 깃 부분만 만드는 사람 따로 있고, 사람들이 많다보니까 분야별로 하는 거죠. 어려운 것도 분야별로 하니까 잘 만들더라고요. 우리가 하나씩 가르쳐도 세부적으로 다 나누어서 하니까 속도도 빠르고, 어려운 것도 바로 소화가 되더라고요. 우리는 인건비가 비싸서 조금만 시키면 더 줘야 되니까 속도를 못 따라가요. 그래서 중국 신발들 보면 한국에서는 만들 수 없는 복잡한 신발들이 있어요. 신으면 반지르르 한 신발들 말이죠. 물론 수선해보면 다 알지요. 겉은 말짱한데 속은 다 망가지고 해져 있는 것들 말이죠. 좋은 신발은 못 만들죠. 내구성이 떨어져요. 디자인은 좋지만 수박 겉핥기 식으로 형식적으로만 잘 만드는 거죠.

명품 구두 좋다는 게 조립도 정확하고 골 같은 것도 편하게 깎았다는 거예요. 소재를 부드러우면서 견고한 걸 쓰고 말이죠. 싼 것이 비지떡이라고 겉만 번지르르한 건 금방 벗겨지고 그래요. 그런데 우리나라 사람들은 뭐 사러 가면 무조건 싼 것만 찾잖아요. 똑같은 디자인에 싼 것만 골라요. 신어보면 알아요. 그런데 비싸면 그 이유가 있는 데 말이죠. 다들 싼 것만 찾아요. 중국 신발들도 비싼 건 아주 비싸요. 소재도 좋아요. 한국에서 파는 중국산을 보면 진짜 겉에만 번지르르하고 반년만 지나면 그냥 쭉쭉 늘어나서 망가져 버려요. 기술이 되고 잘 만들어도 싼 소재만 쓰니까 그렇게 되는 거죠. 문제는 한국에서 그렇게 주문했으니까, 싼 거, 보기 좋은데 싼 거, 그러니까 소재값을 줄일 수밖에 없겠죠. 우리가 그걸 시킨 거죠. 그렇게 보면 우리나라 사람들이 문제가 많이 있어요. 대신에 중국쪽은 공장 규모도 크고 많이 만들어요. 사람들 급료도 싸니까 월급제를 해도 유지가 돼요. 우리는 도급제[13]로 하면 켤레 당으로 돈을 받으니까 디자인이 어려운 건 잘 안 하려고 하죠.

디자인에 따라서요?

우리는 공장에서 일감을 나눌 때 섞어서 주거든요. 디자인이 어려운 것 2개 주고 쉬운 것 5~6개 주고, 그런 식이죠. 이렇게 주다 보면 아침에 일하는 사람들 보면 딱 보여요. 기분이 나쁘면 딱 표가 나죠. 그러면 그냥 내버려 두는 거죠. 공장을 저도 오래했거든요. 딱 인상이 달라져있어요. 한쪽은 입이 여기만큼 나왔고, 다른 한쪽은 기분이 좋은 거죠. 그럼 공장 분위기 싸늘해지는 거예요. 그런데 일 바구니를 저녁에 이렇게 딱 나눠놓고 가면 똑같이는 못 나누잖아요. 그럼 자기 일감 가져갈 때 꼭 옆에 사람을 봐요. 그러면 남의 떡이 쉬운 거 같이 보이는 거죠. 기분 맞추기 힘들지만 그런 현상이 일어나더라고요.

---

13 노동자에게 일정한 작업량을 주고 수행 정도에 따라 대가를 지급하는 임금제도이다.

구청 문화원에서 열린 사교댄스대회 모습

댄스화로 눈을 돌리다. 직접 춤을 배워가며 개발한 댄스화

댄스화를 시작하게 된 계기는 어떤 거였어요?

공장도 하면서 남대문이랑 동대문에서 신발 장사를 했어요. 그때가 중국에다 신발 팔 때였는데, 저는 공장 돌리고 우리 와이프가 남대문 가게 일 보고 그랬어요. 밤 11시부터 새벽에 나가서 장사를 하거든요. 그래서 2시에 끝나는데 다른 가게들 다 잘 파는데 우리집만 못 파니까 성질만 내는 거예요. 중국 신발이 몇백 족씩 만들어서 이문이 많으니까 난 거기에만 신경 쓰고, 그럼 와이프가 가게에서 전화해요. 가게로 들어오는 신발은 개떡 같아서 못 팔겠다고요. 동대문에 가게를 내는데 못하겠다고 그러더라고요. 그래서 동대문 장사는 딸이 했어요.

그런데 그즈음에 누가 그러더라고요. 댄스화를 한번 해보면 좋을 거라고요. 그래서 시장 조사를 했죠. 할 만 해요. 아르헨티나 탱고화 같은 건 잘 만들면 18만 원, 15만 원씩은 받아요. 저도 잘 만들면 13~15만 원은 받을 수 있겠다고 한 거죠. 그냥 구두는 4~5만 원 달라면 비싸다고 고개를 흔들어요. 그런데 탱고화 신는 사람들은 비싸다는 말을 안하거든요. 그래서 댄스화를 공장을 차리고 일반 신발은 숫자를 좀 줄이고 댄스화를 만들었죠. 개발도 하려고 처음에 카탈로그를 800만 원인가 주고 사기도 했어요. 15년인가, 20년 정도 전이었죠. 젊은 친구들 많이 다니는 홍대도 많이 갔어요. 지금은 전국적으로 팔아요. 댄스학원으로 PR 다니죠. 가면 공짜로 2켤레를 줘요. 여자랑 남자용으로요. 원장이랑 부원장, 이렇게요.

댄스화에 대해 설명하는 구술자

댄스학원을 대상으로 PR을 가는 거네요.

그렇죠. 학원들한테 공짜로 돌리면 시키는 데는 시키고, 안 시키는 데는 안 시키고 그래요. 그렇게 팔고 다녔어요. 거래처도 엄청 많이 있어요. 그러다 보니까 저보고 춤 출 줄 아냐고 물어봐요. 춤 못 춘다고 그랬더니, 춤도 못 치면서 무슨 댄스화를 팔러 다니냐고 그러더라고요. 그때 댄스화를 제일 많이 만든 데가 '탑드림'[14]이라는 가게인데, 저보다 한 10년 먼저 한 사람이었어요. 탑드림 사장은 춤도 추고, 댄스화 공장도 한 거에요. 저는 쌩판 춤도 못 추면서 댄스화를 시작한 거고요. 그러니까 그 사장이 왜 춤 추지도 않으면서 댄스화 팔러 다니냐고 그랬죠. 그 사람 말도 맞죠. 알아야지 신발을 만들 거 아니겠어요? 그래서 춤을 또 배웠어요. 몇 년 동안 배웠죠.

어디서 배우셨어요?

신촌에서 3년 배웠어요. 몇 가지 배웠어요. 사교춤도 배우고, 라틴 같은 것도 다 배우고 그랬죠.

---

14 광진구 중곡동에 있는 댄스화 전문점이다.

가게랑 공장하면서 언제 거기를 나가셨어요?

그때는 사람들 다 있을 때니까요. 저는 시간이 많이 남았죠. 가게는 딸래미가 보고, 공장은 공장장이 다 있고, 일하는 사람 다 있고, 아침에만 좀 일감 보고 나갔죠. 저는 영업하러 다녔으니까요. 그때 춤 배운 거죠.

직접 해보니까 기술 개발로 연결이 되나요?

제가 직접 신어보고, 직접 춤 춰보고, 여자들도 신어보고, 학원 다니면서 그렇게 개발을 많이 했지요.

선생님이 보시기에 댄스화는 어떤 차별성을 가져야된다고 생각하셨어요?

댄스화를 신발을 만들어보니까 딱 신으면 안쪽이 살짝 기울이게 만들어야 되고, 발하고 신발하고 일치가 되어야 해요. 몸으로 따지면 한 몸이 되어야 하는 거죠. 그래야 신발이 아무리 높아도 안정적으로 설 수 있어요. 한참 춤을 추면 발이 쏠리니까 거기에 보완을 많이 하고, 깎아서 만들어보고, 또 다시 신어서 만들어 보고, 고민을 많이 했어요. 거의 15~20년 됐어요. 개발한 디자인도 진짜 많아요.

선생님이 만든 댄스화는 반응이 좋았나요?

좋았어요. 그래서 '더존'이라고 그러면 전국적으로 알아줘요.

장인의 주업이 된 수선업

요즘은 수선쪽으로 일을 많이 하신다고 들었어요.

요즘은 밤 10시까지 수선 일을 하고 그래요. 주로 하는 일이 수선이 돼 버렸죠. 3년 정도 됐어요.

구술자의 수선 작업실 모습

수선쪽은 일이 어떤가요?

해봤더니 다들 잘했다고 그래요. 의외로 일이 많이 들어와요. 남들은 다 만드는 거 하는데 저는 혼자 수선하니까요. 소문이 났어요. 수선이 제일 낫더라고요. 다른 사람들이 나이 들었는데 배울 수 없냐고 하면서 부러워하더라고요. 모가지 짤릴 일도 없고, 쉬고 싶으면 쉬고, 우리 나이에 출근해봤자 경비밖에 할 게 뭐 있겠어요? 노가다도 힘들어서 할 수는 없고 말이죠. 그래도 여기 나오면 20~30만 원 버니까 이게 더 낫죠. 물론 쉬지는 못해요. 이렇게 날짜 다가오면 금방 2~3일 가고 1주일 가죠. 며칠 안에 수리해준다고 했는데 못하면 안 되니까요.

사람들이 수선을 그렇게 많이 맡기나요? 수선 맡겨진 것들이 아주 비싼 신발은 아닌 거 같은데요.

그래도 자기 마음에 드는 신발이면 몇 만 원씩 주고 고치는 거죠. 고치면 또 새 신발이 되거든요. 명품 신발들은 고쳐 신잖아요. 또 어떤 것들은 1만 원 주고 샀는데 1만 원 주고 고치기도 해요. 어떤 사람들은 깜짝 놀래요. 자기는 1만 원 주고 샀는데 무슨 고치는데 1만 원이냐고 말이죠. 물론 비싼 신발이라서 더 받는 건 아니거든요. 똑같거든요. 그럼 고치지 말고 가라고 그래요.

그렇게 해도 고치는 사람들이 있어요?

볼 때에는 똑같은 음식이지만 맛이 틀린 거죠. 잘 고쳐주니까 오는 사람이 또 오는 거예요. 못 고쳐주면 아예 안 와요. 그런데 오면 또 소개로 오고, 한 보따리 지고 오는 거죠. 돈 4만 원 주고 샀는데 2~3만 원 주고 고쳐요. 잘 해주니까요. 발이 편하니까 또 오는 거죠. 고쳐본 사람들이 오는 거예요.

신발이라는 참 독특하네요. 그렇게 비용을 내더라도 새 거를 사는 거보다 헌 거를 신겠다는 거네요?

사람이라는 게 뭐랄까, 아끼는 것도 있지만 자기 사연이 있는 경우도 있어요. 자기 어머니가 물려준 신발이 있는데 자기가 신지는 않지만 고쳐 놓은 사람들도 있었어요. 그리고 신어봤던 게 더 편하니까요. 아무리 기능성 신발이 좋다고 하지만 자기가 신던 것에 비해선 불편하거든요. 우리가 옷이나 신발은 다들 집에 가면 많이 있어요. 그렇지만은 신던 것만 신고, 입던 것만 입어요. 그렇듯이 꼭 고쳐서 신는 사람은 고쳐서 신어요. 우리도 막상 옷 입을 때는 맨날 입던 것만 입고 오잖아요. 사람도 상대해서 좋으면 그 사람만 찾게 되고, 그 사람만 만나서 얘기하고, 신발도 마찬가지예요. 못 고쳐주면 절대 안 와요. 반응이 빠르죠. 음식하고 똑같아요. 그렇더라고요. 제가 성심성의껏 잘 고쳐주면 다른 사람도 데리고 와요. 몇 사람도 데리고 와요. 그래서 일이 갈수록 많아져요.

수선을 해보면 신발이 잘 만들었다 못 만들었다 뿐만 아니라 신는 사람의 스타일도 바로 알겠네요?

바로 나와요. 이 사람한테는 이게 편하겠다. 이런 것도 있고, 닿는 부분도 보면 험하게 신는 사람하고 깔끔하게 신는 사람하고, 성격 차이를 (알 수 있죠.) 다 틀리잖아요. 이제 그런 것도 있죠. 또 신발을 보면 누가 잘 만들었다. 그런 것도 알 수 있어요. 어느 공장에서 만든 신발이다. 그런 것도 있고, 애착을 갖고 만든 신발이랑 그냥 막 기성품으로 많이 만든 거하고는 틀리잖아요.

수선은 만드는 것과 어떻게 다른가요?

수선은 기술자라도 다 할 수 있는 게 아니에요. 디자인이 다 틀리니까요. 뭐든지 다 고칠 줄 알려면 배워야 돼요. 아무리 신발을 잘 만들어도 수선은 또 배워야 돼요. 신발 만드는 과정을 모두 알면서도 수선은 따로 배워야 돼요. 틀리거든요.

구두 업계의 현실과 협동조합에 대한 기대

제가 전에 일본에 가서 보니까 7~10만 원 정도인데 괜찮은 신발들이 꽤 있었어요. 소재는 그렇게 좋지 않지만요. 중저가 제품들이 발달해 있다고 할까?

그렇죠. 일본과 우리가 달라서 그래요. 우리나라 사람들은 아주 싼 거, 아니면 아주 비싼 걸 선호하거든요. 예전에는 남대문에 좋은 수제화들이 많았는데 지금은 중국산이 80%를 차지해요.

중국이 만드는 숫자를 따라잡으려면 도급제가 아니라 월급제로 가야 하겠네요?

그런데 우리는 월급제로 갈 수가 없어요.

왜 월급제로 갈 수가 없나요?

현실상 월급제로 갈 수가 없어요. 신발은 월급을 주려면 그만큼 족 수를 팔아야 하거든요. 공장 마진을 생각해야 해요. 공장도 뭐 사장만 먹는 게 아니거든요. 사무 보는 월급쟁이, 공장장, 재단하는 사람, 디자인 하는 사람, 이 사람들은 월급제가 돼요. 그런데 그 다음에 기술자들이 대량으로 만들어서 팔아야 그게 돼요. 몇십 족 나가는 걸로는 감당을 못해요. 옛날에는 도매상이 오면 막 20~30족씩 사이즈대로 가져갔어요. 그런데 지금은 도매상도 이거 1족, 저거 1족, 이렇게 가져가거든요.

그만큼 구매력이 없네요.

없어요. 완전히 떨어졌죠. 도매로 사가는 사람들도 사이즈별로 갖다놔 봤자 나가지도 않아요. 그러고 요즘은 홈쇼핑에서 막 2켤레에 1켤레 값 받으니까요. 우리도 홈쇼핑 좋아하지만, 시켜가지고 마음에 안 들어서 보내면 그냥 다음날 가져가잖아요. 한번 신어보고 입어보고 다 가져가잖아요. 우리가 시장에 가서 사온 옷이나 신발, 다음날 가서 돈 갖고 바꿔 달라 하면 가게 주인은 입이 이만하게 나오는 거죠. 경쟁이 안 돼요.

중국은 어떻게 월급이 가능해요?

중국은 분야별로 많이 만드니까요. 분야를 조금씩 나눴다가 뭉쳐서 하나가 되죠.

협동조합은 어떤 계기로 시작하게 되었나요?

우리는 협동조합에 대해서 잘 몰랐죠. 그런데 교수님들이 그래도 염천교에 조합이 있어야 된다고 설득했죠. 그래야 단합이 잘 되고. 우리도 여기 상우회가 있지만 잘 모이질 않아요. 그래서 우리도 협동조합을 좀 해놓으면 도움이 되겠다. 그래서 협동조합을 만들기로 한 거죠. 준비과정부터 해서

2년 정도 됐어요. 대학에서 도와주니까 좋더라고요. 혼자 힘으로는 못하거든요. 협동조합공장이 잘해야겠지요. 우리도 또 사회에 좋은 일 할 수 있는 계기가 될까 해서 한 것이에요. 잘했다고 생각해요. 아직 결실은 못 봤지만요.

수제화의 전망에 대해서 어떻게 생각하세요?

제가 보기에는 괜찮을 것 같은데, 또 다른 사람들은 구두가 사양길에 접어들었다고 말하기도 해요. 그래도 요즘에는 수제화를 많이 찾는 거 같아요. 예전 것을 좀 더 많이 찾는 거 같아요. 삶의 질이 좀 높아서 그래졌다고나 할까요? 자기만의 신발을 신고 싶어 하고요. 그래서 수제화는 젊은 사람들이 있으면 괜찮을 거예요. 더 발전하겠죠. 우리보다 머리도 잘 돌아가고요. 그런 면에서 협동조합을 잘 만들었다고 생각해요. 왜냐하면 협동조합을 만들어 놓으니까 우리가 협동조합공장도 할 수 있잖아요. 공장도 할 수 있으면 자기만의 신발을 다 거기서 만들 수 있거든요. 지금은 새로 공장했다면 주변에서 미쳤다고 해요. 경기가 죽었거든요. 여러 명이 협동조합으로 되어 있으면 조금씩만 해도 얼마든 끌어나갈 수 있잖거든요. 우리가 조합 마크도 다 만들어놨어요.

네, 장시간 면담해주셔서 감사합니다.

"수제화로 만들면 첫째로 튼튼하고 편하죠"

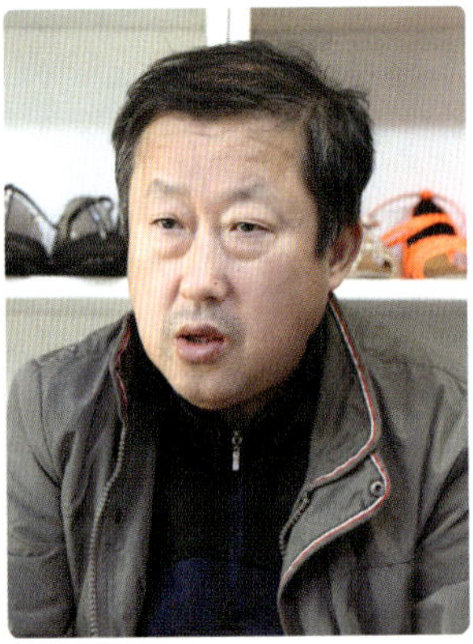

| 조동희 |

주요약력
1964년 충청남도 청양 출생
1978년 서울 상경. 영등포 반도제화에서 구두일 시작
1980년 영등포 브라보제화 근무
2003년 염천교 파피제화 근무
2018년 염천교 조은댄스화 근무

면 담 자 김영미(국민대학교)
면담주제 염천교 구두장인들의 일과 삶
면담일시 2018년 10월 17일
면담장소 염천교 수제화 거리 더존댄스화 가게

서울로 올라와 구두일을 시작하다

이번 면담은 '염천교 구두장인들의 일과 삶'이라는 주제로 실시하는 서울역사편찬원의 구술채록사업입니다. 오늘은 조은댄스화에 계시는 조동희 선생님의 말씀을 들어보는 시간을 갖겠습니다. 안녕하세요. 조동희 선생님. 우선 선생님의 유년 시절에 대해서 이야기해주십시오. 선생님의 고향이 어디인지, 어릴 적 가족과의 이야기나 학창시절의 추억이 있다면 말씀해 주십시오.

조동희라고 합니다. 1964년생입니다. 태어난 곳은 충남 청양군 정산면 내초리였어요. 5형제 중 막내였고요. 부모님은 농사를 지으셨지요. 서울에 온건 1978년 무렵인데요. 영등포에 사는 큰형님네로 기술 배우러 왔죠. 큰형님은 건축쪽 일을 하셨는데요. 20~30년 먼저 서울에 올라와 있었어요. 큰형님이랑 저랑은 또 20년 차이가 났죠.

구두는 어떻게 처음 배우신건가요?

영등포의 저희 형님네에 세들어 사는 사람이 구두 만드는 기술자였어요. 제가 그때 당시 기술을 배우려고 올라왔잖아요. 한번은 형님이 구두 만드는 기술을 배워보라고 해가지고 그분한테 배웠어요. "막내 동생이 있는데 기술 배울 곳도 마땅치도 않고 그러니까 한번 기술이나 배워라. 알려줘라." 이래가지고 그 사람 따라다니며 배웠어요. 배운 지 한 40년 넘었어요.

당시 처음에 구두를 배우실 때 작업장이 어디였나요?

반도제화라고 영등포에 있었어요.

반도제화? 그곳은 구두를 만들기도 하고 팔기도 하는 곳이었나요?

아니죠. 거기는 구두를 만드는 곳이었어요. 지금도 마찬가지예요. 여기에 매장들 있잖아요. 그 뒤에는 공장들이 있어요. 공장에서 만들면 가게에서 갖다가 파는 거예요. 쉽게 얘기해서 가내공업식으로 하는 거죠. 그러니까 공장 주인이 가게를 하는 경우도 있고, 가게만 하고 공장에서 물건을 떼다가 파는 사람도 있고 그래요.

제일 처음에 뭐부터 가르쳐 주셨어요?

당시는 16살 정도 됐어요. 저는 미싱 쪽에 있거든요. 디자인 쪽에 있는데, 실밥 같은 거 따고. 처음에는 기술을 모르니까 가만히 앉아서 쳐다보기만 하고 그래요. 뭐 하다가 실수하잖아요? 지금은 고학력 시대라 최하 고졸이잖아요. 거의 대부분이 대학교를 졸업하죠. 그래서 그런지 지금은 구두 배우라고 해도 차라리 놀지 배우는 사람이 없어요. 당시에는 다들 학교도 진학 못하고, 우리나라가 어려웠잖아요? 기술 배우러 오는 사람들 많았거든요. 그러다 기술 배우다가 뭐 하나 잘못하면 기술 가르치는 사람들이 "이놈 자식 잘못한다."고 망치로 막 때리고 그랬어요. 그 어린 나이에 막 눈물도 찔끔찔끔 나고 그랬죠.

구두 배우러 왔을 때 함께 배우는 사람이 몇 명 정도 있었어요?

1978~1979년, 그 당시에 일 배우는 사람 15~16명 정도 되고, 나머지 기술자 한 20명, 관리자들도 몇 명 있었죠.

구두가 굉장히 잘 팔릴 때네요?

그때는 가게 하는 사람이며, 공장 하는 사람이며, 기술자들이며, 정신만 똑바로 차리고 어영부영하지 않는다면 돈을 잘 벌었죠.

처음 공장에 가셔서 '바라만 보는' 단계를 어느 정도 하신 거예요?

4~5개월 정도 했을 거예요. 당시에는 일을 배우러 갔어도 할 줄 아는 게 없으니까 보수는 전혀 없었어요. 대신에 차비나 용돈으로 조금씩 줬죠.

4~5개월 지나다보니까 선생들 하는 것만 보잖아요? 그러면서 이걸 하나씩 배우는 거죠. 쉽게 얘기해서 그 당시에 한 켤레를 만들면 선생이 2,000원을 받잖아요. 2,000원을 받으면 가장 밑에 일하는 사람 300원, 그다음 잘하는 사람은 500원, 그다음 사람은 1,000원 이렇게 선생이 나눠줬어요. 그런 식으로 봉급이 올라갔어요. 그러고 구두 계통에서는요. 월급제가 아니에요. 도급제죠.

구두 기술을 배우러 오는 사람을 공장에서는 잘 안 받으려고 했겠네요?

그때 당시에는 일손이 많이 필요하니까 배우러 오면 다 받아줬죠.

다른 선생님들을 인터뷰를 해봤더니, 그때는 쌀 두 가마니를 갖다 줘야 기술을 가르쳐 주고 그랬다고 하던데요.

그건 농담이죠. 그 당시 쌀 두 가마니면 돈이 얼만데요? 그렇게 가져갈 쌀이 어디에 있어요? 당시 우리나라가 어려워가지고 먹고 살기도 다 바빴는데요.

그러면 반도제화 위치는 어디었죠?

영등포 로터리의 김안과 뒤에 있었어요. 그 당시 영등포에서 구두 만드는 공장들이 로터리 시장 뒤쪽에 많이 있었어요. 15~20군데 정도 있었는데 우리나라 전체에서 가장 많이 몰려 있었죠. 그리고 반도제화가 그중 세 손가락 안에 들었어요. 그때에는 염천교가 활성화되기 이전이라서요. 영등포 쪽이 공장 수가 더 많았어요. 또 지금은 염천교에서 성수동으로 많이 가고 있는 형국이지요.

영등포 공장들이 이곳 염천교 쪽으로 옮겨온 때는 언제였어요?

아마 1986~1987년부터 오기 시작했을 거예요. 아시안게임, 그쯤이었어요.

돈 버는 사람이 많았겠네요?

그렇죠. 그때에는 지방에서 올라오는 열차가 영등포에 많이 서잖아요. 그러니까 지방에서 양화점 하는 사람들이 새벽에 영등포로 와서 물건을 떼어다가 내려가고 그랬어요. 지금은 염천교가 많잖아요. 이쪽 가게들이 일찍 문 여는 이유도 지방 거래처들이 많아서 그래요. 새벽에 지방에서 첫차 타고 와서 물건 떼어갖고 다시 또 내려가고요.

그럼 지방상인들이 공장에 가서 직접 물건을 떼어갖고 가나요?

그렇죠. 그래야 자기네들이 마진이 더 남거든요. 왜냐면 직접 공장에서 신발을 떼어가야 자기들 가게에서 마진을 볼 거 아니에요? 지금도 그렇게 하는 사람들 많아요.

견습생 시절의 보조 작업, 퇴근 후에는 미싱 연습

처음 4~5개월 동안은 하는 거를 지켜보셨고, 그 다음에는 어떤 일을 가르쳐 주나요?

쉽게 얘기해서 패턴이 나오면 가위로 오리는 것부터죠. 오려서 이걸 이렇게 다 펴져 있는 상태로 다 접어야 할 것 아녜요? 또 속을 보면 그냥 접은 게 아니고, 안 찢어지게 선심을 넣어야 돼요. 속에다가 풀칠해가지고 넣는 거죠. 이런 거 다 하나하나씩 계단을 밟아가면서 배워야죠. 풀칠하기, 가죽 오리기, 접어서 박음질 할 수 있도록 접기, 이런 것들이 일종의 1단계지요. 그다음 단계는 가르쳐 주던 선생이 "아, 이 정도면 혼자 따로 떨어져서 해도, 선생 해도 되겠다."라고 해요. 그럼 다음 단계로 미싱을 배워가지고 '타게시'[01]하면 제가 이제 선생이 되는 거죠.

---

01 일본어로는 다크에쓰(たくえつ) 정도의 의미로 탁월하다는 뜻이다.

그럼 미싱은 어디서 배우는 건가요?

미싱은 다른 공장으로 옮겨가지고 배웠어요. 다른 공장으로 옮겨서 배워가지고 지금까지 하게 된 거죠. 반도제화에는 거의 2년 동안 있었는데, 미싱은 못 하고 앞의 기술만 배운 거예요. 왜냐하면 구두 디자인이 남성용은 단순한데, 여성용은 계절마다 디자인이 틀려요. 봄에는 앞이 터지고 뒤가 막힌 게 있고. 반대로 뒤가 막히고 앞이 터진 게 있고, 혹은 옆이 터진 거 있죠. 그리고 여름에는 샌들을 보면 다 터진 거, 가을에는 이렇게 다 막힌 거, 그리고 겨울에는 부츠가 있고요. 기술이 배우는데 디자인이 철마다 다 틀리잖아요? 그래서 그걸 배우는데 약간 시간이 걸립니다.

반도제화에서 가죽 자르고 풀칠하던 것도 디자인에 따라 다르겠네요?

그래서 2년 동안 배운 거예요.

2년 동안 배울 때에 월급은 어느 정도 받으신 거예요?

처음 6개월 정도는 차비 정도로만 받고 다녔죠. 그러다가 기술을 한두 개씩 알면서부터 기술자가 되기 전까지는 한 달에 10만 원도 받다가, 15만 원도 받다가 그랬죠.

다른 분 얘기를 들었더니 예전에 구두 만들 때는 밀가루 풀, 찹쌀 풀로 붙였다는데 그때는 어땠어요?

저는 나중에 배운 경우라서요. 좋은 풀이 없던 시절 일 했던 분이 이야기한 것 같은데, 그 전에는 풀이 안 나와서 밀가루 풀을 만들어서 썼다고 얘기를 하더라고요. 지금은 풀이 잘 나와요.

남성화

여성화

반도제화에서 나와서 어떻게 미싱을 배웠는지 얘기 좀 해주세요.

일 끝나고 선생이 퇴근한 다음에 가죽 쪼가리에다 미싱 연습을 많이 했죠. '어차피 이 길로 들어왔으니까 난 성공을 해야 된다.' 어떻게 해서든 기술을 배워야 보수도 많아지고, 앞으로 결혼해서 살아나가야 될 거 아녜요? 밤늦게까지 했어요. 12시, 1시, 이렇게까지 했어요.

작업은 몇 시에 끝났는데요?

보통 늦게 끝나요. 그때는 바쁠 때라 9시, 10시까지 가요. 작업이 끝나면 그 다음에 개인 연습을 하는 거죠. 나중에 선생이 인정하는 거예요. 가르친 사람이 "이 정도면 다른 데 가서도 일을 할 수 있겠다." 그럼 이제 따로 떨어져 나가는 거예요. 처음에 풀칠하고, 가죽 자르고, 미싱 배우고, 딱 2년 걸렸죠.

선생의 역할이 굉장히 큰 역할이네요?

예, 그렇죠. 일을 배울 때 선생도 잘 만나야 돼요. 일을 잘 하는 사람 밑에서 배운 거랑 일을 못하는 사람한테 배우는 거랑 다른 거죠. 배울 때 망치로 맞고 배웠다고 그랬잖아요? 그게 그때 당시에는 서운했어도 나중에 사회생활 하다 보니까 그게 참 약이 되더라고요. 왜냐면 그렇게 배웠으니까 더 잘 배웠던 거죠. 덕분에 욕도 안 먹고 어디 가서 일도 잘 한다고 소리를 많이 들었어요.

브라보제화의 '선생'으로 가다

반도제화에서 옮겨서는 어떤 공장으로 가셨나요?

브라보제화라고 거기도 공장이 영등포에 있었어요.

브라보 신발을 신어 본 적 있어요. 반도제화 있다가 브라보제화로 옮기면 반도제화에서 싫어하지는 않았어요?

사장은 싫어하더라도 어차피 거기 공장에는 더 이상 선생 자리가 없으니까 다른 데에 떨어뜨려야 되니까요. 기술을 다 배웠으니까 다른 데 가서 하고 싶다고 하면 보내줘요.

반도제화에서 브라보제화로 갈 때는 돈을 더 받고 가셨겠네요?

쉽게 얘기해서 지금은 그런 게 많이 없어졌지만, 당시에는 선금이라는 것이 있었어요. 선금으로 50만 원이면 50만 원, 100만 원이면 100만 원 받고 1년 다니면서 차감하던가, 아니면 또 1년 안에 그만두고 돈을 갚는 거였죠. 그때 20만 원인가 얼마 받았을 거예요.

브라보제화에는 직원이 몇 명 정도 있었나요?

거기도 많았어요. 한 30명쯤 됐어요. 그때는 경기가 좋을 때니까요. 구두 경기가 좋아서요. 잘 됐죠.

브라보제화 갈 때는 선생으로 가신 거예요?

예.

선생은 어떤 사람을 선생이라고 그래요?

쉽게 얘기해서 구두 재단이 나오잖아요? 무슨 디자인이든 디자인 재단이 나오면 오리고 풀칠해서 이 모양대로 나와야 돼요. 미싱까지 다 할 줄 알아야 선생이라고 그래요. 즉 밑판 빼고 윗부분은 전부 다 만들 줄 알아야지 선생이 되는 거죠.

브라보제화에 선생으로 갔으면 선생님 밑에 또 실습생들을 붙여 줬겠네요?

그렇죠. 저도 밑에 두 명이 있었어요. 저는 미싱 같은 것만 하고, 밑일 하는 사람들이 이전에 제가 배웠던 것처럼 다 해 주죠.

그러면 선생으로 갔을 때 월급이 많아지셨겠네요?

아마 2배 이상이었어요. 4배 정도 되었죠.

선생님을 잘 가르쳐 주셨던 그분에 대해서 얘기를 좀 해주세요. 구두 배울 때 일화 같은 것도 한번 말씀해주세요.

그 분이랑은 20~30년 동안 못 만났어요. 왜냐면 거기서 헤어지고 그 사람도 그 사람 나름대로 일을 하러 다니고, 저도 나름대로 일을 하러 다니고. 그래서 못 만났거든요. 그분이 우리 형님네 집에 셋방 살았는데, 막 호되게 가르쳐 줬어요. 그래서 제가 지금까지 왔는지도 몰라요. 쉽게 얘기해서 막 때린 건 아니고 망치자루로 한 대씩 때리고 그랬죠. 어린 나이에 그 당시에만 해도 억울하기도 하고 분하기도 하고 그랬죠. 하여튼 그렇게 배운 게 지금은 효과가 있는 것 같아요.

요즘 사람들이랑 그때 사람들이랑 되게 다른 것 같나요?

요즘은 그러면 안 되죠. 그 당시에는 라면이 그렇게 맛있었어요. 일을 하다가 점심이면 밥을 시켜주더라고. 월급을 안 주고 밥을 시켜서 사주는 거죠. 저녁에는 간식을 먹었는데, 선생이 식당에서 라면을 시켜서 사줬어요. 라면을 하나씩 사 준 게 그렇게 꿀맛이었어요. 17~18살, 한참 먹을 때 아녀요? 그 사람이 그렇게 사 주고 하여튼 잘 해주셨어요.

그분은 어디 출신이세요?

전라도 출신이었어요. 제가 알기로는 그 사람도 16~17살에 배웠을 거예

제갑 작업을 위해 가죽을 재단하는 모습

요. 그 당시에는 다 그렇게 배웠어요. 나이차는 7~8살이니까 별로 차이 안 났지만, 기술도 좋고 일도 잘하는 분이었어요. 근데 지금은 일하는 사람들이 없으니까 다 선생들 혼자서 해요.

제갑과 저부, 구두일의 분담 구조

구두 일이 밑창 만드는 일하고 갑피 만드는 일이 다른 걸로 알고 있는데요. 선생님은 왜 갑피 만드는 일을 했나요?

처음에 구두공장을 갔을 때 일 가르쳐 준 사람, 우리 형님이 저를 가르쳐 주라고 한 사람이 갑피 만드는 사람이었어요. 그리고 창 붙이는 걸 저부라고 해요. 구두공장 가서 일을 해서 보니까 저부는 선생 밑에서 일하는 사람들이 옷도 꾀죄죄하고, 사포 같은 걸로 막 문대고, 지저분하더라고요.

그래서 '에이 이거 말고 갑피가 낫겠다.' 해가지고 제갑을 배우기 시작한 거예요.

구두공장에는 저부 만드는 팀과 갑피 만드는 팀이 다 같이 섞여 있겠네요?

그렇죠. 지금은 분리가 되어 있는 공장도 많거든요. 당시에는 거의 같이 했어요.

갑피하고 저부를 결합하는 작업은 누가 하나요?

사람 발모양과 똑같은 목형이 있어요. 제갑을 만들면 위에다가 중창을 딱 덮는 거예요. 다음에 저부 하는 사람들이 풀칠해가지고 창을 붙여요. 못도 박고요. 그리고 거기에서 목형 골을 빼면 신발이 나와요.

그럼 갑피랑 저부를 붙이는 작업은 저부 만드는 사람이 하는 거네요?

예, 그러니까 갑피 만드는 사람이랑 저부 만드는 사람이 다 틀려요.

구두 한 켤레 만드는 데 있어서 제일 어려운 핵심 기술을 뽑는다면 어떤 건가요?

디자인도 힘들지만, 밑창 같은 건 잘 붙여야 돼요. 저는 창 붙이는 기술자가 더 중요하다고 봐요.

창 붙이는 건 왜 중요해요?

창 붙이는 것도 잘못 붙이면 막 다 떨어지면 반품 받잖아요? 그리고 디자인을 아무리 멋있게 해놔도 저부에서 골을 제대로 목형에다가 감싸줘야 신발이 제대로 나와요. 그러니까 저부 일을 하는 사람들이 제일 중요하죠.

그럼 저부 일을 하는 사람하고 갑피 만드는 사람 중에 저부 일을 하는 사람이 월급이 더 많나요?

아니요. 똑같아요. 똑같이 중요하지요.

똑같이 중요하다? 그렇군요. 디자인은 누가 하나요?

디자인 하는 사람이 패턴을 내죠. 패턴 내는 사람은 실장이라고 해서 별도로 있어요. 그리고 실장이 패턴을 내면 재단하는 사람이 있어요. 재단을 해 줘야 우리가 일을 하거든요. 신발이라는 것이 보면 간단한 것 같아도 엄청 머리가 아파요. 기술자들도 다 틀려요.

그러면 구두제작 공정은 세 부분으로 나뉘는 거네요?

그렇죠. 우선 실장이 패턴을 내 주고, 그 다음에 재단사가 재단을 해 주면, 제갑에서 미싱하고, 그 다음에 저부에서 목형을 갖다가 창을 골을 싸가지고 붙이는 거에요.

반도제화에 가셨을 때 디자인 하는 사람은 뭘 보고 디자인을 했나요?

그때 당시에 실장들이 디자인 하는 방법은 카탈로그 책들 보다가 "디자인 괜찮구나." 하면 응용해서 패턴을 내서 하고 그래요.

그 사람들이 미대 디자인학과를 나온 사람은 아닐 거잖아요?

우리들처럼 구두 배워가지고 일하는 사람들이에요. 미대나 고등학교도 제대로 못 다닌 사람들도 많았어요.

그래도 디자인 하는 사람은 디자인에 대한 감각이 있어야 되겠네요?

그렇죠.

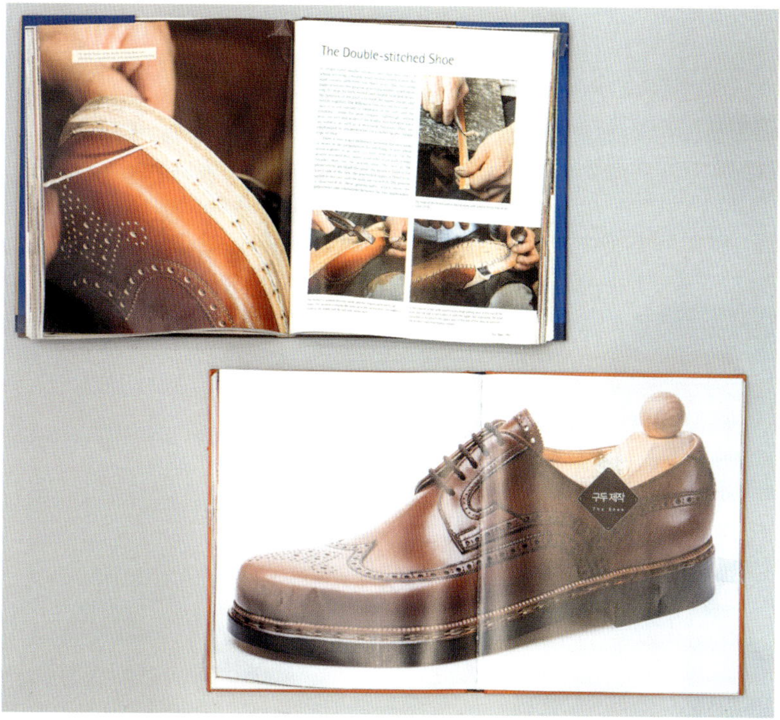

구두 카달로그 책자들

제가 봤을 때 실장 월급이 제일 많아야 될 것 같은데요?

아니에요. 거의 비슷비슷해요. 왜냐면 우리 같이 일을 배우고 한 사람들이 나중에 실장도 하거든요. 저도 잠깐 했었는데요. 미싱이 편해서 계속 이쪽 일을 했어요. 실장이 되면 신경 쓸 일도 많거든요.

도급제, 만드는 켤레에 따라 돈을 받는 문화

브라보제화에서는 몇 년 정도 있으셨나요?

2년 정도 있었을 거예요. 그 다음에는 쉽게 얘기해서 "일을 하면 어디가 보수가 좋다. 어디가 일이 쉽다." 이런 이야기가 막 돌거든요. 그런 자리가 있다. 그러니까 자리도 옮기게 되는 거예요. 그렇게 해서 다음에 간 곳이 엘리제제화라고 대림동에 있었죠.

대림동의 엘리제제화? 그때 대림동에도 제화점이 많이 있었나요?

엘리제제화는 공장이었는데 대림동에는 그 공장 하나밖에 없었어요. 인원은 한 20명 정도 됐었죠. 보수가 좀 좋다고 해가지고 갔었어요. "한 켤레 당 200원을 더 준다. 300원을 더 준다."고 했었어요. 이런 데가 인기였거든요. 한 켤레 만들면 제가 2,000원 받는다고 치죠. 그런데 "저 집은 2,200원을 준다, 또 저 집은 2,300원을 준다." 그러면, "아, 이왕이면 같은 일을 하면서 돈 많이 주는 데 가서 하지, 왜 여기서 허냐?"라고 친구들이 얘기를 하죠. 그럼 그쪽으로 옮겨서 일하고 그러는 거죠.

선생이 되면서부터는 구두 한 켤레 당 돈을 받으신 거네요?

월급제가 아니라 도급제죠. 그러니까 제갑을 하는 데, "하나 당 200원을 더 올려준다." 그러면 그 차이가 큰 거죠. 대신에 "오늘 뭐 무슨 일이 있어 쉰다." 그러면 10원 하나 못 버는 거예요. 아니면 제갑을 10켤레 한다고 그러면 6,000원이잖아요? 그럼 6만 원을 버는 거예요.

그러면 브라보제화에 선생으로 가셨을 때는 안 쉬셨겠네요?

지금도 거의 안 쉬어요. 일요일에도 일이 있으면 안 쉬죠. 물론 일요일에 쉬겠다고 말하면 쉬는 거죠.

본인의 마음이니까 직장 다니는 것보다는 훨씬 자유롭겠네요?

제가 아침에 출근하잖아요? 그러면 쉽게 얘기해서 다른 작업하는 선생들이 A번, B번, C번, D번 이렇게 나누어져 있잖아요. 그러면 A번이 오늘 일감이 10개 처리했다고 하면 그만큼 제 물량이 나온 거 아니에요? 그러면 그거를 처리를 해줘야죠. 뭐 술 먹고 안 나가고 이러면 어느 직업이던 마찬가지로 사장한테 찍혀가지고 짤리는 거죠.

성수기에는 일을 엄청 하셨겠네요?

그렇죠. 많이 벌었죠. 보통 하루에 많이 만들 때는 30개, 40개 막 이렇게 하죠.

언제 주문이 많이 들어왔어요?

봄, 그리고 겨울에는 부츠가 많죠. 물론 부츠는 비싼 대신에 많이 못 만들어요. 시간이 많이 걸리거든요.

브라보제화에 계실 때 선생이 몇 명쯤 있었어요?

그때는 6~7명은 됐었죠.

6~7명의 선생한테 일감을 할당해 주는 게 사장이네요?

그렇죠. 사장이 일감을 갖고 오죠. 그러면 한 다이(작업대) 당 선생들이 6명이고, 만약 사장이 다이 당 일감을 10개씩 주면 60개를 투입을 해야 할 것 아네요? 먼저 60개를 패턴 내는 실장한테 가요. 그러면 디자인도 어려운 게 있고 쉬운 게 있으니까 실장이 일감을 공평하게 나눠 주는 거죠.

선생들이 제갑하는 개수 당 받는 돈은 똑같나요? 잘 하는 선생한테 많이 주고 이러는 건 아니고?

똑같이 받아요. 대신 잘 하는 사람은 지금도 마찬가지지만 1~2개 더 줄 수 있고, 그렇죠.

구두 작업 때 사용하는 각종 연장

패턴 내는 실장이 나눠주는 건가요?

일감을 나누어 주는 건 실장이죠. 사장은 일감을 많이 물어오는 거구요.

선생이 공장을 옮겨갈 때 자기 밑에 있는 사람까지 데리고 가는 건가요?

그렇죠. 쉽게 얘기해서 선생이 딱 자리 봐 놓으면, 본인이 자주 쓰는 연장이 있을 거 아니에요? 가위, 망치 이런 것 다 챙겨가지고 그냥 "야, 가자!" 그러면 싹 같이 보따리 싸갖고 같이 가는거죠.

연장들은 그 선생 본인이 마련하는 건가요?

그렇죠. 왜냐면 손에 맞아야 하잖아요. 쉽게 얘기해서 시골 가서 농사짓는 아부지, 엄마한테 물어봐도, "야 이거 남의 건 손이 안 맞아서 못 쓴다." 이러시잖아요? 그런 식이랑 똑같죠. 제일 오래 된 연장은 옛날 그 선생 따를 때 샀으니까 40년 넘는 것도 있네요.

본인이 미싱 기계도 사야 되나요?

미싱은 사장들이 다 사 놔요. 미싱은 회사 소유고 기술자들은 가서 일만 하는 거예요. 가위, 망치, 소소한 건 기술자가 사고, 미싱 같은 기계는 다 주인이 사줘요.

다음에 가신 데가 대림동의 엘리제제화였는데요. 거기서는 몇 년 정도 계셨어요?

거기서는 오래 있었어요. 거의 15년 정도 있었어요. 거기도 선생이 5~6명 정도 되었어요.

15년 동안이면 오래 있으셨네요?

그때 당시만 해도 월급이 제때 안 나오는 공장들이 많았어요. 왜냐면 이게 영세업체이다 보니까 사장도 막 돈이 없고, 사장들이나 일 하는 사람들이나 어영부영하고 놀음이나 하러 다니는 사람들이 많았거든요. 월급날 제대로 주지도 못하고, 가불 조금 해도 "이걸로 써라." 그냥 그랬죠. 저도 공장을 돌아다녀봤기 때문에 그냥 "돈을 많이 못 벌어도 월급 제때 나오고, 공장이 웬만큼 일이 꾸준히 들어오는 데 있으면 오래 있자. 돌아다녀봐야 돈도 안된다." 그렇게 생각한 거죠. 그래도 거기는 일도 꾸준히 들어오고 월급도 잘 나오고, 뭐 옮길 필요가 없더라고요. 그래서 오래 있었죠.

사장님이 경영을 잘 하셨나 보네요?

당시에 가게를 하면서 공장도 따로 했거든요. 근데 지금은 안 해요. 하여튼 무슨 일이 있어도 일하는 사람들 월급은 착착 줄려고 했었죠. 다른 데는 안 줘도 일하는 사람 월급을 제 날짜에 딱딱 줬어요. 일도 어디서 잘 물어왔어요. 그래서 오래 있었어요.

대림동 엘리제제화에 있을 때 구두 산업의 불경기가 시작되었죠?

그때까지만 해도 괜찮았죠. 지금처럼 경기가 안 좋은 게 10~15년 정도 됐어요. 중국 상품 들어오면서부터 안 좋아요.

88서울올림픽은 영향 없었어요?

그때만 해도 좋았죠. 1996년도까지만 해도 좋았어요.

기술자들 중에 일본에서 돈 많이 준다고 간 사람들 없었어요?

많았어요. 제 친구도 일본에 가서 돈도 많이 벌어왔거든요. 한 20년 전이었죠. 저도 갈라고 했었는데 그때는 제가 어머니를 모시고 있었거든요. 총각 때였어요. 노인 양반 때문에 못 갔죠. 갔으면 돈도 많이 벌었을 텐데. 당시 일본에 가서 구두 일하는 사람들 많았어요. 지금은 별 볼 일 없어서 안 가는데, 그때 당시만 해도 일본에 가서 돈 벌어오는 사람들 많았어요.

일본에서는 임금을 많이 줬어요. 그런데 제 생각에는 거기 가나 여기 있으나 어차피 돈을 많이 벌면 똑같아요. 모든 직업이 다 그렇잖아요. 번다고 해도 알뜰하게 쓰고 지독하게 절약하지 않으면 쉽게 날라가는 거예요. 일본 가서 돈 많이 벌어서 빠찡코나 하고, 경마나 하러 다니고, 나중에는 비행기 푯값도 없어가지고 나오는 사람들이 허다했어요.

염천교, 봉천동, 합정동의 여러 제화 공장들

그 다음에 뭐 하셨어요?

엘리제를 그만두고는 여기 서울역쪽으로 와서 우진제화라는 곳으로 들어갔어요. 중간에 염천교쪽에 있었던 거죠. 거기는 중림동이니까요. 1년 있다가, 봉천동의 아라모드제화로 갔어요. 낙성대에 있었죠.

우진제화에 갔을 때 염천교는 이미 유명해졌죠?

그때는 괜찮았죠. 경기도 좋았죠. 제가 우진제화로 왔을 때 영등포에 있던 공장들이 염천교 쪽으로 이사 왔을 때였어요. 제가 27~28살인가 됐을 거예요.

그런데 왜 1년밖에 안 있고 염천교 쪽에서 나와서 봉천동으로 가셨던 건가요?

우진제화에서 같이 일하던 사람이 봉천동에 아라모드라는 회사가 있는데 좋다고 그러더라고요. 일감도 우진은 여름철에 없고 그랬거든요. 그리고 거기는 회사 규모도 꽤 크고 잘 운영되어서 사시사철 일이 꾸준하다고 그러더라고요. 그래서 거기로 갔어요.

여름에는 사람들이 샌들을 많이 신지 않나요?

그런데도 일감이 없더라고요. 그래가지고 1년 있다가 아라모드제화로 갔죠. 거기서 4년 있었어요.

봉천동이면 서울대 학생들이 많이 사러 왔나요?

아니요. 서울대 학생들은 별로 안 왔어요. 거기는 삼성전기나 삼성전자 그리고 63빌딩 면세점으로, 물건이 양화점 말고 면세점으로 들어갔어요. 일이 1년 내내 꾸준했어요. 그런데 1년 내내 밤 11~12시, 새벽 1시까지 4년 동안 일하다 보니까 지쳐버리더라고. 돈은 많이 벌었는데 쉬지를 않으니까 못 하겠더라고요. 제가 보통 아침에 7시에 출근하는데요. 예를 들어서 제가 9시에 끝나고 가면은 10켤레 할 걸 8켤레밖에 못 하고, 12시까지 하면은 12~13켤레도 할 수 있잖아요. 그럼 돈이 더 되잖아요. 그 욕심으로 했죠. 지금도 그렇게 일해요. 좋게 말하면 성실한 거죠. 그렇게 성실하게 살다 보니까 몸이 아파져요. 당뇨에다가, 신장도 안 좋아졌고, 병만 생겼어요. 일만 하다 보니까 당뇨도 오고. 몸 관리를 했어야 되는데. 직업병이죠. 구두 만드는 일이 몸을 거의 안 움직이니까 막 어깨고 어디고 안 좋아요. 사람이 녹아나가는 거죠.

어쨌든 이때 돈을 매우 많이 벌었을 것 같은데요?

많이 벌었죠. 거기서 2년 있다가 결혼도 했죠. 그리고 거기를 그만두고 합정동에 있던 에모나제화로 갔어요. 집도 청약이 당첨되어서 신길동에 샀고요.

그러면 결혼하실 당시에는 연애할 시간도 없잖아요? 아침 7시부터 밤 11~12시까지 일하셨는데요. 어떻게 결혼하셨어요?

제가 나이를 먹어갖고 장가도 못 가고 그랬죠. 제가 아침 일찍 나가서 늦게까지 일하고 여자는 만나지도 않고, 그러니까 어머니가 쫓아다니며 중매를 놓은 거예요. 자기 다니는 정육점 사장이 아는 사람이 우리 처남하고 아는 사람이었어요. 그 정육점 사장이 우리 처남한테 "어, 열심히 살고 괜찮은 총각 하나 있는데 동생 하나 있으면 중매 좀 서 봐." 농담식으로 얘기했는데 "그럼 내 동생 하나 있는데 중매 한번 설까요?" 그랬죠. 그래가지고 소개를 해 주더라고요. 그 당시만 해도 어머니를 모시고 살아야 되니까 "나는 어머님을 모셔야 된다."고 그랬죠. 그런데 선을 보자마자. 우리 집사람이 좋다고 그러더라고요. 그렇게 만나가지고 결혼했죠.

합정동 에모나제화에 있었을 당시 아무래도 신촌 주변이잖아요? 소위 멋의 본고장, 중심지잖아요? 그럼 여기에는 제화점들이 많았나요?

아니요. 합정동에도 공장들이 많았어요. 거기도 한 1년 있었죠. 그런데 거기는 또 사장이 어영부영해가지고 일감도 안 물어 오고 일도 없고 그러더라고요. 그래서 놀음이나 하러 다니기도 했죠. 사장이나 일하는 사람들이나 열심히 하면 공장이 잘 운영되는 거고, 놀음이나 하고 경마장이나 다니면 공장이 제대로 돌아갈 일이 없죠. 또 월급도 안 나오고 그렇죠. 그래서 1년 있다가 그만뒀죠.

염천교 파피제화에서의 호경기와 공장 부도

합정동에서 1년 있다가 이제는 어디로 가신 거죠?

다시 염천교로 왔어요. 이번에는 파피제화라고 공장이었어요. 제 친구가 있었는데 건물 1층은 상가였고, 2~4층은 공장이었어요. 당시에는 하루에 신발이 한 300개 이상씩 나왔어요. 하루에 엄청 크게 돌아갔죠. 제가 구두 일 했던 곳 중에 최고 컸어요. 직원도 많아서 40명 정도 됐었죠.

오늘날의 염천교 구두거리 전경

염천교가 제일 번성할 때였나요?

명절 때 같은 경우에는 공장에서 하루에 1,000족 이상씩 팔았죠. 지방 양화점에서 가져가고 그랬죠. 거기서도 10년 있었죠.

그 무렵부터 염천교 구두가 조금씩 하락하기 시작했나요?

파피에 있을 때만 해도 괜찮았죠. 가불도 잘 나오고, 월급도 잘 나오고 그랬는데, 10월이었나? 가불이 한번 딱 안 나오더라고요. 보통 보름에 가불, 말일에 월급이거든요. 가불이 딱 안 나오더니 월급날 부도가 난 거예요. 근데 사장이 의리 있는 사람이었어요. 우리 옛날에 일 배울 때에 같은 대림동 공장에서 실장을 했던 사람이었어요. 근데 그 사람도 자기가 어려울 때의 과정을 겪어 봤기 때문인지, 부도날 때 사무실 월급쟁이들 월급은 안 줘도, 구두 재료 파는 피혁점들 몇천만 원씩 안 줘도, 도급제로 일하는 사람들한테는 월급 10원 한 장 안 떼먹었어요. 그래서 지금도 고맙게 생각해요.

사장님이 의리 있으셨네요.

"도급제로 일하는 사람들은 하루씩 벌어먹는 사람들인데 월급을 안 주면 안 된다. 사무실 월급쟁이들이야 매달 다달이 월급 타 먹는 사람들이다. 1~2달 월급을 안 줘도 된다. 하지만 구두일하는 사람들은 월급을 안 주면 안 된다."고 하면서 딱 주더라고. 그리고 피혁점이나 가죽 파는 사람들은 돈이 많잖아요? 그런 사람들 돈은 몇천만 원씩 떼어먹어도 된다. 구두일하는 사람들만큼은 계산해 주라고 하고서 자기는 도망가버리더라고요. 그렇게 관리자한테 맡겨 놓고 자기는 도망간 거예요.

피혁점들도 다 염천교 안에 있었죠?

그렇죠. 보면 무슨무슨 피혁상이라고 써져 있죠? 다 구두점에 파는 거예요. 재료상들도 많았는데 지금은 다들 없어졌어요. 옛날에는 어마어마했었죠.

왜 부도가 난 거예요?

이 사람도 신발 잘 나가고 장사가 잘 될 때 조심을 했어야 되는데, 저도 그렇지만 돈 잘 벌고 그럴 때는 아껴야 되는데, 중국에다 사업 투자하고, 골프나 치러 다니고, 술이나 먹으러 다니고, 사무실에서 놀음판이나 벌이고, 그러다 보니까 망하게 된 거예요. 잘 나갈 때 줄이고 절약하고 했으면 그런 일 없을 텐데, 그러다 보니까 이제는 구두가 하향세로 접어들기 시작한 거예요.

공장이 부도났을 시점이 구두업이 하향세로 접어드는 시점이었네요?

거기에 맞물린 거예요. 하향세로 접어드는 데다가 일이 없어지는 데다가 자기가 어영부영하고 돈을 써버린 거죠. 그러다 보니까 나중에는 부도가 나 버린 거예요. 그게 2003년 정도였어요. 그러니까 2000년대 들어서 구두업이 그렇게 된 거예요.

수제화가 하락하기 시작한 원인이 무엇 때문이었을까요?

쉽게 얘기해서 일 배우는 사람들은 없고, 중국에서 대량으로 만들어 오다 보니까 한국에는 일이 더 없어져버리게 되는 거죠.

기술자로서의 자부심, 그렇지만 지금은 배우려는 사람을 찾기가 힘들어

구두일을 그렇게 잘 하시는데, 왜 창업을 안 하셨어요?

저는 지금도 그렇지만 제가 구두공장을 할 수도 있고, 양화점도 할 수도 있었죠. 그런데 쉽게 얘기해서 안전빵으로 산 거죠. 왜냐하면 제가 여태까지 벌고 모아 놓은 것을 걸었는데, 한번 실패하면 못 일어서겠더라고요. 다시 일을 해가지고 벌기도 힘들거든요. 하향세이기도 하구요. 그래서 안 한 거죠. 창업을 하려면 1990년도 이전에 했어야 돼요. 그런데 그때 당시에 돈을 잘 버는데 창업을 할 필요가 뭐 있었나요?

기술자로도 충분히 대접받는데?

그렇죠. 돈도 잘 버는데, 자기가 절약하고 그러면 돈도 괜찮게 벌고 그랬죠.

파피제화에 있을 때 구두 배우려고 젊은 사람들이 많이 들어왔나요?

우리 밑에 몇 명은 있었긴 있었지만, 구두일 배우는 사람들이 아예 없다고 봐야죠. 저보다 4~5년 정도 적은 사람들은 있는데 그 다음에는 아예 안 들어왔어요.

한국 사회의 학력이 높아지는 거랑 맞물려 있네요?

그렇죠. 그래서 저도 와이프하고 같이 일을 하기도 했어요. 지금은 그래가지고 성수동이나 이런 곳 다니면 부부팀들이 많아요. 부인이 일 배워서요. 성수동 같은 곳에서는 1달에 1,000만 원씩 버는 사람도 많아요.

지금도 사모님께서 구두 만드세요?

우리 집사람은 몇 년 하다가 싫다고 그러더라고요. 그래서 지금 다른 일을 해요.

기성화가 못 따라가는 댄스화로 눈을 돌리다

파피제화가 부도난 다음에는 어디로 가셨나요?

파피제화를 그만두고 간 곳이 드봉제화라는 곳이었어요.

드봉? 구두쪽은 이름에 불어가 많이 들어가네요. 드봉제화도 염천교에 있었나요?

그렇죠. 그곳 드봉제화에서도 15년 정도 있었어요.

그 동안에 염천교에서 일거리는 많이 줄어들었나요?

그래도 한 2~3년 전까지만 해도 일감이 꾸준했어요. 사장이 단체화, 화장품 회사나 항공사 쪽의 일을 많이 갖고 와서 일이 꾸준했었죠. 많이 벌었어요. 그렇지만 나중에는 워낙 일이 없다 보니까 드봉제화도 그만두었죠. 그렇게 해서 지금은 댄스화 공장에 있는거죠.

그런데 댄스화는 기존의 구두와는 좀 다른 신발이잖아요? 제가 알기로는 내구성이 강해야 되는 걸로 알고 있는데요. 그렇다면 수제화가 더 강점이 있겠네요.

댄스화 같은 경우에는 기성화들이 별로 안 나오는 모양이더라고요. 제가 예전에는 댄스화를 만들지 않았는데요. 지금은 댄스화가 꾸준하게 잘 나가요. 그래서 댄스화를 한 거예요. 지금은 기술자들 3명이 같이 하거든요. 같이 하니까 40~50개 정도 만들어요.

그때처럼 3인 1조로 선생 밑에 사람을 두는 분업이 아니라 선생이 다 만드는 건가요?

예, 배우는 사람이 없어서요. 바닥하는 사람, 저부하는 사람 따로 있고, 제갑은 선생들 3명이 같이 해요.

같이 작업하시는 분들은 나이가 어떻게 되세요?

한 사람은 저하고 비슷하고, 한 사람은 저보다 15~16살 더 많죠.

장인이 보는 수제화 산업의 미래

선생님은 평생 수제화를 만드셨잖아요? 선생님이 보시기에 수제화가 공장에서 찍어낸 것과 얼마만큼이나 차이가 있나요?

거기에 대해서 제가 한 말씀 드리고 싶은 게 있어요. 우리나라 사람들은 편한 거, 가만히 앉아서, 전화만 하면 딱 배달되는 거, 지금 다 그런 주의에요. 그리고 홈쇼핑 방송에서 두 켤레 5만 원, 값싸고 디자인 괜찮다, 곧 마감 임박이라고 선전하는 것들은 다 중국 제품들이에요. 며칠 안 신으면 망가지고 창이고 뭐고 떨어지는 것들이에요. 그렇지만 택배로 배달도 해주고 잘못되면 반품되니까 소비자들도 굳이 밖에 돌아다니면서 신발을 사려고 그러겠어요? 그렇지만 우리는 인건비 올라가지, 자재값 올라가지, 공장에서 4만 원, 4만 5,000원에 신발 가져가는 양화점들도 신발 팔려면 점원 월급 올라가지, 가게세 내야지, 그렇다고 가게를 골목 구석에 차릴 수도 없는 거고. 번듯한 곳에 가게에서 차려야 되는데, 세가 엄청 비싸잖아요. 그러다 보면 켤레 당 최하 10만 원은 불러야 된대요. 그러면 손님들이 쳐다보지도 않고 나가 버린대요. 제가 볼 때 수제화가 첫째는 단가 싸움, 기성화나 홈쇼핑의 품질 낮은 신발한테 그냥 싸움이 안 되거든. 그래서 기술자들이 일이 없다 보니까 직업을 바꾸게 되고, 먹고는 살아야 되니까 노가다로 많이 빠지고 그러죠. 공장들도 문 닫는 공장도 많고요. 지금 현실이 그래요. 수제화 산업을 살린다는 게 제가 볼 때 쉽지 않은 일이에요.

수제화의 장점은 기성화나 중국 제품들과 비교해 볼 때 뭐라고 생각하세요?

수제화로 만들면 첫째 튼튼하고 편하죠. 대신 기존 신발들보다는 비싸죠. 왜냐하면 가죽값, 재료값, 인건비 등을 계산해서 맞추다 보면 기성화는 그 단가에 맞출 수가 없어요.

우리나라 사람들도 일부는 유럽에서 만든 몇십만 원, 몇백만 원짜리 소위 명품 신발을 사서 신잖아요. 그것도 수제품이잖아요.

그렇죠. 이태리제 이런 건 몇백만 원, 몇십만 원 주고 신는 사람, 돈 있는 사람들은 사죠.

선생님의 말씀을 들어보니 정말 성실하게 구두만 만들면서 평생 사셨네요.

워낙 제가 가난하고, 저희 집이 가난해서 중학교도 못 갔어요. 그래서 제가 "나는 이 직업으로 인제 성공을 해야 되겠다." 이왕 기술 배운 거니까 남들보다 더 악착같이 하고 절약도 하면서 열심히 살았던 거죠.

앞으로 몇 년 정도 더 구두를 만드실 수 있으실 거 같아요? 일거리가 있다면?

일거리가 있다면 계속 하고 싶죠. 몸이 허락되지 않는 데까지 계속 해야죠. 근데 제 성격을 보자면 다른 일은 못 할 것 같아요. 천직이지요.

구두 만들면서 보람 있었던 일화가 있으면 들려주세요.

우리 애들이 둘이거든요. 제가 구두를 만들면서 공부 가르치고 잘 키워 놨어요. 제가 열심히 일하고 사는 걸 자녀들이 보니까 빗나간 게 없었어요. 저도 애들도 돈을 안 써요. 돈의 값어치를 알아야 한다고 했지요. 그래서 아이들도 돈 귀한 줄 알고 절대 허투루 돈을 안 써요. 자기들 주머니에 돈이 있으면 제가 만 원 주더라도 안 받아요. 그렇게 애들을 가르쳐 왔고, 저도 남들처럼 아파트도 갖고 있고, 저축하면서 살고, 먹고사는 거 이상이 없으니까요.

일하면서 가장 좋았던 시절을 뽑으면 언제였나요?

아마도 봉천동 아라모드제화에 있을 때가 제일 좋았죠. 대우도 좋았고, 일거리도 많았고요. 피곤해도 일이 많을 때가 행복한 거예요. 지금 그쪽 공장들은 거의 없어지다시피 되었어요. 조그맣게 돌아간다고 그러더라고요. 우리 있을 때가 제일 잘 돌아갔죠.

그러면 구두 만들어 오시면서 제일 힘드셨을 때는 언제였나요?

제가 구두일 하면서 사업을 한다든지, 다른 거 손대서 망한 적은 없어서요.

나름대로 열심히 살아서인지 크게 좌절한 적은 없어요. 공장 부도났을 때에도 제가 부도난 게 아니고 사장이 났기 때문에, 또 그때도 월급을 다 받았거든요. 바로 또 스카우트 돼서 딴 공장 다니고요. 열심히 일했으니까요.

오랜 시간 동안 좋은 말씀 들려주셔서 감사합니다.

"패턴사라면 어떤 디자인을 갖다 주더라도 만들 수 있어야죠"

| 전기태 |

주요약력
1952년 충청북도 청주 출생
1971년 산업은행 청주지점 근무
1979년 청주 엘칸토 패턴사로 근무
1986년 서울 상경
1989년 장충동 메르꼴레디 실장(패턴사)으로 근무
1996년 금강제화 실장(패턴사)으로 근무
2013년 제일모직 구호(KUHO)에서 근무
2020년 작고

면 담 자 김영미(국민대학교)
면담주제 염천교 구두장인들의 일과 삶
면담일시 2018년 10월 18일
면담장소 염천교 수제화 거리 세븐웰 가게

상고 졸업, 산업은행 지점 취업, 퇴직 후 구두를 만나다

이번 면담은 '염천교 구두장인들의 일과 삶'이라는 주제로 실시하는 서울역사편찬원의 구술채록 사업입니다. 오늘 인터뷰할 분은 전기태 선생님이십니다. 안녕하세요. 선생님, 자기 소개 부탁드립니다.

전기태라고 합니다. 1952년 8월 14일 생입니다. 고향은 충청북도 청주시 모충동慕忠洞이에요. 서울에 온 건 1986년이었어요. 고향에서는 할아버지와 아버지가 계속 농사를 지었어요. 제가 삼남매 중 막내입니다. 학교는 모충초등학교, 청운중학교, 청주상고를 졸업했고요. 상고를 졸업하고 나서는 산업은행 청주지점에서 근무를 했었어요.

고등학교 졸업하고 나서 바로 취직이 되신 거네요?

제가 학교 다닐 적에는 공부를 좀 했었는가 봐요. 은행은 6년 정도 다녔죠. 그러다가 회사에서 실수를 해서 사표를 내게 되었죠. 1년 정도 쉬다가 구둣가게 점원으로 갔었죠. 점원으로 갔더니 사장님이 우리 형님 친구였어요. 사장님이 디자인 패턴사[01]였어요. 그래서 "너는 가게에서 일을 하지 말고, 내가 가르쳐 줄 테니까 디자인 기술을 배우는 게 좋다." 그때서부터 전격적으로 그분한테 디자인을 배웠죠. 낮에는 신발 팔고 저녁에는 구두 제작하는 기술을 배웠어요.

청주에 구두 일을 시작할 때가 몇 살 때이셨나요?

그때가 26~27살 무렵이었어요. 1979년이네요.

---

01 구두 디자인에 따라 패턴(본)을 도안하고 재단하는 역할을 한다. 스케치한 디자인을 실제 구두 제작에 적용하기 위해 평면의 가죽에 패턴을 도안하는 작업을 담당한다.

그때 당시로는 은행원이라면 경력이 굉장히 괜찮잖아요? 그러데 구둣방 점원이라면 소위 말해서 성이 안 찼을 것 같은데요?

재미있었어요. 손님들하고 이렇게 대화 나누고, 구두도 팔고, 그때는 재밌더라고요. 청주 번화가에 엘칸토 지점이었거든요. 매장도 럭셔리했죠. 산업은행 다닐 때 거기서 구두를 사 신기도 했었어요. 점원으로 만4년 있다가 5년 되는 해에 공장에 들어가서 패턴일을 했었습니다.

구두가 그때도 많이 팔렸나요?

저를 보고 오는 아가씨들이 많았었어요. 제가 젊었을 적엔 좀 예쁘장했었거든요. 지금은 산적 같지만요.

사장님의 권유로 패턴사의 길로 들어서다

그러면 청주에서는 엘칸토제화 공장이 있었나요?

청주경찰서 바로 옆에 있었었어요. 가게는 한 150m 정도 떨어졌었어요. 공장에서 신발을 만들어서 청주에서 파는 거였죠. 서울에서 가져다 파는 게 아니고요. 그때만 해도 직접 저희들이 제작하고, 디자인도 저희들이 뽑고 그랬어요.

청주 디자인과 서울 디자인이 다르겠네요?

간판만 붙이고 자체 제작해서 엘칸토 신발로 파는 거죠.

공장 직원들이 한 얼마 정도였나요?

20명 내지 25명 정도 있었었어요. 그때에는 구두 중에서 아랫 부분 하시는 분들을 보고 저부, 그때는 바닥이라 했었고, 구두 윗부분 일 하시는 분들은 갑피라고 그랬고요. 패턴일을 하는 사람을 갑피사라고 했어요. 그러니까 거기서 제가 갑피사, 디자인을 한 거죠. 전까지는 거기 사장님이 그걸 하시고요. 공장에서 패턴사는 1명이에요. 사장님이 패턴을 뜨면서 하나씩 하나씩 가르쳐서 제가 마스터한 거죠.

당시에 사장님은 구두 디자인도 하셨다는데, 그 사장님은 경력이 어떻게 되세요?

그 사장님은 그때 한 마흔 몇 살 정도 되었으니까, 한 20~30년 정도 되지 않았을까 싶네요.

구두 디자인은 어디서 배우셨다고 하시던가요?

서울서 배웠겠죠. 물론 학교에서 배운 거 그런 거 아니고요. 저희들은 이 구두 일을 처음 배울 적에 가위질부터 칼질까지 배워야지 되거든요. 7~8년씩 걸려요. 그때만 해도 그렇게 걸렸어요.

7~8년 걸린다는 게 구두 디자인을 배우는 데 그렇게 걸리는가요? 아니면 구두 만드는 방법 전체를 배운 데 그렇게 걸린다는 건가요?

만드는 방법부터 디자인까지 싹 다 배우는 시간이죠. 저도 그 과정을 다 배우는 데 7~8년 정도 걸렸어요. 지금은 시스템이 딱 되어 있기 때문에 일하기 좋아졌지만 그때만 해도 디자인하려면 저 혼자 다 해야 되는 거예요. 청주 같은 데에서는 "야, 서울에 명동 가서 샘플 좀 보고 와라." 그러면은 고속버스 타고 명동으로 가는거죠. 사진 같은 건 그때도 지금도 못 찍게 하니까 A라는 디자인을 보면 골목 같은 사람 안 지나가는 곳에 가서 그 구두 모양을 대충 그리죠. 그리고 나서 구경도 하고 자재도 구입할 거 하고, 고속버스 내려오면서 그림 그린 거 정리도 하고, 이튿날 그린 거 하나씩 하나씩 샘플로 만들어서 매장에다가 깔아놓고, 반응을 보고 "아! 요거 반응이 괜찮다." 그러면 몇 족씩 더 만들어 놓고 팔기도 하고

1970년대 명동

그렇게 했죠. 1달에 1번 정도 올라왔어요. 유행이 도는 시즌 때는 2번 정도 올라왔어요.

서울에 올라오면 명동 구두들의 디자인이 교체되어 있었나요?

그렇죠. 그런데 한여름에는 안 와요. 봄이나 가을 때, 디자인 바뀔 때, 이런 때 한 번씩 왔다가고 그러죠.

청주에서 패턴 디자인을 하실 때 유행했던 것 중에 기억나는 것 있으세요?

그 시절 디자인은 너무 단순했어요. 그렇기에 오히려 지금도 그런 디자인이 많아요. 결혼식 하는 분들, 예식 하는 분들, 연세 드신 분들은 아직도 이런 걸 많이 신으시거든요.

그때는 참고할 디자인 책이나 잡지 같은 건 없었나요?

그런 건 없었어요. 지금은 구두 디자인이 수백 가지잖아요? 그때만 해도 디자인이 50가지도 안 됐었어요. 한 매장에 50가지도 안됐죠. 디자인이 너무 단순했었기 때문에 지금처럼 어려운 과정 같은 것은 없었었죠.

어쨌든 패턴사가 되는데 7~8년 정도 걸린다면 그 방면에서는 제일 되기 어렵네요?

최고로 힘들죠. 그 구두 매장을 그 좌지우지할 수 있는 사람이었었어요. 그때만 해도. 패턴사가 옮겨갈 적에는 막 1,000만 원씩 선금을 줬었어요. 잘나갈 시절에는 말이지요.

그럼 선생님이 배울 당시에 패턴사가 우리나라에 몇 명 없었겠네요?

많았어요. 이름이 얼마만큼 알려져 있느냐가 문제죠. 이름값이 얼마냐가 중요한 거죠. 제 이름이 여러 사람들이 알게 되고 공장 오너의 귀로도 들어가면 "커피 한 잔 하자, 소주 한 잔 하자." 그러지요. 그래서 거기서 역사가 이루어지는 거죠. "너 거기서 얼마 받느냐? 그래 얼마 받는다." 그러면 "너 나한테로 와라. 그것보다 조금 대우를 해 주마." 이렇게 말이죠.

힘들었던 패턴사의 길, 동료들의 시기와 질투로 손가락을 자르기도

재밌게 일하셨네요. 힘든 일은 없었나요?

힘들었었죠. 주경야독이었죠. 그리고 다른 기술자들이 볼 때 저는 처음부터 배웠던 사람이 아니고, 쉽게 얘기하면 낙하산이었었잖아요? 그러다 보니까 주위 사람들이 굉장히 저를 싫어했었죠. 왜냐면 "저 새끼 저거 낙하산이다." 그 또래 친구들은 이제 겨우 미싱 막 타고 그러는데, 제가 패턴을 하니까 그 시기들을 많이 했었어요. 그때는 볶는다고 하고 지금은 갈군다고 그러지요. 패턴 디자인을 했는데 "야, 이 갑피가 안 맞는다." 그럭하면서 "안 맞으니까 이거 어떡하냐? 다시 해."라고 하죠. 안 맞는다, 뭐 돌아간다, 뒤통이 돌아간다, 뭐 앞이 짧다, 길다 막 이런 식으로다가 해가지고서 볶아대는 거죠. 그래서 "아유, 구두 일도 그만해야겠다." 진짜 눈물을 흘리면서 구두일 안 한다고 공장 현장에서 가위로 손가락 끝은 딱 잘랐어요. 지금도 조금은 손가락이 바보가 되어 있죠. 요만큼 정도가 모질라요.

공장 사람도 보셨어요?

그럼요. 다 봤죠.

그래서 어떻게 됐어요?

병원에 가서 치료했죠. 친구들도 같이 가고 그랬어요. 그 다음부터는 저 녀석 아주 성격 더럽다, 성질난다고 가위로 자기 손가락을 자르는 놈이라고 그랬죠. 그때서부터 공장에 있는 친구들이 호응을 잘해 주더라고요.

선생님이 구두 배우실 때 주변 분들에 비해 상당히 늦은 나이셨잖아요? 다른 분들도 늦은 나이에 시작하는 사람들이 많았나요?

아니요. 학교도 다 안 나오고 시작하는 친구들이 많았죠. 그리고 저 같은 경우에는 매장에서 사장한테 바로 배웠고, 일하는 과정은 건너뛰고 바로 디자인부터 배운 거예요. 지금은 일을 시키려고 빨리빨리 잘 가르쳐 주지만 그때만 해도 안 가르쳐줬어요. 기술자들이 이것만 하면 매일같이 그것만 하는 거죠. 이거 하다가 저것도 알려주고, 이것도 알려주고, 그래야지 되는데 그때만 해도 기술자들이 기술을 잘 안 가르쳐 줬어요. 그러니까 오래 걸렸죠. 7~8년씩 배우는 거죠.

선생님이 상고를 나와서 은행에 계셨잖아요? 그 당시 시골에서는 상당히 엘리트셨네요. 그런데 선생님이 구두일을 하신다고 하니까 사장님이 "똑똑한 애니까 얘는 디자인할 수 있다." 그렇게 보신 거네요?

친구 동생이라서 예쁘게 본 거죠. 가게에서 공장으로 가면서 그 사람들보다 한 3~4개 계단 위에로 올라간 거죠.

100명 중에 1명이 패턴사로, 피나는 노력을 해야

패턴사가 되는 게 얼마나 어려운건가요?

100명 중에 1명 정도가 패턴사가 되죠. 노력을 많이 해야 돼요. 자기가 배우겠다는 집념도 강해야죠. 저도 처음 가죽으로 칭찬받을 정도의 신발을 만든 건 한 5년 정도 됐었을 거예요.

그곳에 얼마만큼 계셨나요?

한 7년 정도 다녔어요. 만5년 조금 넘었죠. 왜냐면 다른 패턴사들은 하나당 100원을 받는데, 이 그분은 자기한테 배웠다고 해서 60원밖에 안 줬거든요. 그래서 저도 80원은 달라고 했더니 "인마, 너는 아직 멀었어." 그래서 거기서 그만두고, '캐리부룩'이라는 데를 갔어요. 대전에 있었어요. 100원씩 준다고 했죠. 거기 가서 한 몇 개월 있었는데, 청주 금강 사장님이 "너, 뭐 하러 그 대전까지 다니냐? 내가 그 대우 똑같이 해 줄 테니까, 너 언제서부터 출근할 수 있냐?" 그러더라고요. 그래서 청주 금강으로 가게 되었지요. 거기는 차비까지 줘서 110원 정도 받았어요.

패턴사는 그 구두 공장 전체에서 한 명밖에 없잖아요? 그리고 제가 듣기로는 패턴사는 월급제라고 그러던데요? 급료를 개당 얼마씩 도급제로 받았나요?

월급제에요. 하나 뜨면 100원이라고 한 것은 1달 급여를 계산하면 대략 그렇게 나온다는 거예요.

몸값이 오른거네요? 그럼 청주 금강도 마찬가지로 자체 공장을 가지고 있었나요?

예, 그렇죠. 그때만 해도 다 그랬어요. 브랜드 간판만 그냥 걸어 놓고 다들 그렇게 했어요.

패턴사는 왜 월급제로 하나요? 다른 분들은 도급제로 하는데요?

패턴사 1명에 미싱사들이 20~40명이 붙거든요. 나중에 서울에 올라오니까 미싱사가 패턴사 하나에 50명이 붙어있더라고요. 1명당, 1족당으로 돈을 주면 엄청 줘야겠죠. 예를 들어서 하루에 1,000족씩 만들면 아마 하루에 10만 원을 줘야 하거든요.

좋은 디자인을 하면 많이 팔릴 텐데요. 그것에 대해서는 보상이 있나요?

그런 건 없어요. 대신에 도급제는 밤 11시, 새벽 1시까지 막 일하고 그러죠. 그런데 저 같은 경우에는 아침 9시에서 오후 8시까지만 일을 했어요. 그때는 그렇게 특혜를 줬었어요. 급여도 구두 만드는 선생들보다 패턴사쪽이 더 높았죠. 물론 지금은 일하는 사람쪽이 더 많이 받아요. 거기서 한 2년 정도 있다가 제가 이혼을 했어요.

상경, 염천교에서 바닥부터 다시 시작하다

참, 죄송하지만 바쁜 와중에 결혼은 언제 하셨어요?

1980년도 무렵이에요. 소개로 만났어요. 딸 둘 낳았고요. 여성분이 저하고 너무 안 맞더라고요. 그분이 너무 착해서 그런 건지, 그쪽은 평범한데 제가 유행을 많이 따라가는 스타일라서 그런지 갈라서게 되었어요. 1986년도였고, 그때 서울로 올라왔죠.

서울은 어떻게 해서 올라오시게 되신 거죠?

집사람하고 이혼하고 나니까 그때만 해도 시골이다 보니까 남들이 손가락질하잖아요. 그래서 무일푼으로 제가 서울 염천교로 올라왔어요. 우리 딸 둘 데리고요. 1986년 그때만 해도 1달에 150만 원, 180만 원 벌었어요. 그거 다 주고 올라왔죠.

올라오셨을 당시 염천교 주변은 어땠나요?

그때는 염천교에 구두 공장이 한 500~600개가 있었었어요. 집집마다 다 구두공장이었었어요. 중림동, 만리동, 서계동까지 다 구두공장이었어요. 제가 아는 사람도 없고, 돈도 없었는데, 디자인하는 사람이라는 것 하나만 믿고 애들 데리고 셋이 서울로 올라왔죠. 큰딸이 8살이고 우리 막내딸이 5살이었었어요. 낮에는 막내 데리고 출근하고 그랬죠.

어떻게 취직을 하셨어요?

집집마다 돌아다녔어요. 여기 패턴사 안 쓰냐? 어디서 일했느냐? 물어보면 청주에서 일했다고 대답하면 지방에서 했다고 안 받아줬어요.

오늘날의 염천교 수제화 거리

지방에서 했다고요?

그랬죠. 물론 다 안 받아준 것은 아니었고, 일했던 곳도 있었어요. 뉴욕제화라고 지금도 있어요. 미싱이 13~14개였어요. 그거만 해도 미싱 직원들이 35명 정도 되는거죠. 그런데 일감을 저랑 제 밑에 부실장이 나눠줘야 하는데 첫날 일감을 잘못 줬다고 미싱사들이 주먹질을 하고 그랬죠.

선생님한테요? 패턴 작업이 잘못되었다는 건가요?

일감을 줄 때는 종이로 디자인 되어 있는 것을 가죽을 둘둘 말아서 각자한테 주거든요. 재단사들이 재단까지 되어 있는 상태로요. 그런데 예를 들어 1인당 다섯 개를 만든다고 하면, 2명이 일을 하면 10족을 주고, 3명이 일을 하면은 15족을 줘야 하잖아요? 그러데 3명이 일하는데 10족이 가고, 2명이 하는데 15족이 가고, 첫날 일감을 주다 보니까 엉망으로 뒤죽

박죽이 된 거였죠. 나누기를 잘못했죠. 이 사람들은 만든 켤레대로 돈 받는 사람들인데 말이죠.

분배를 잘못한 거였네요.

그렇죠. 그래서 막 싸움이 나고, 이후에는 단념을 한 거죠. 이제는 일단 미싱사로 취직을 해야겠다고 말이죠. 청주 같은 데는 지역사회다 보니까 사람들이 착하잖아요? 서울은 또 그렇지 않더라고요. 서울은 충청도 사람, 강원도 사람, 전라도 사람, 경상도 사람, 경기도 사람 다 뭉쳐서 살다 보니까 아주 고약한 사람들도 많고 싸움도 많이 하고 그랬어요.

미싱사로 취직은 잘 되었나요?

제가 아는 사장도 없고, 주변에 아는 사람도 없다보니까 취직이 안 되는 거죠. 애들은 쫄쫄 굶고 있고 제가 돈을 벌어 와야지 애들하고 셋이 먹고 살죠. 그런데 제가 또 미싱은 안 해 봤거든요. 청주에서 조금씩은 하긴 했었는데, 구두를 만들려니까 안 만들어지더라고요.

소설 같은 얘긴데요?

진짜 무지하게 울었어요. 그 애들하고 죽을 수도 없는 거고, 애들하고 그냥 그 하루 이틀씩은 막 굶고 그랬었어요.

서울의 현실은 냉정하네요.

그렇죠. 청주라든가 대전에는 제 이름이 있었고요. 전기태라는 사람이 패턴을 잘 한다. 그렇게 들어왔기 때문에 저는 염천교에 올 적에는 아주 자신만만하게 왔죠. 그런데 와서 보니까 아니더라고요. 그래가지고 애들하고 울고, 돈이 없어서 라면 끓여 먹고, 국수 삶아 먹고 그랬죠.

그때 어디서 사셨나요?

봉래여인숙이라고 봉래극장 뒤에 있었었어요. 거기서 1달에 5만 원인가를 주고 여인숙 옥탑방에서 1년 반 정도 살았어요. 밥 해 먹고, 애들 밥해주고, 큰딸은 봉래초등학교 보내고, 막내딸은 출근하면 손잡고 데리고 갔죠.

그런데 미싱사 일을 못 하셨잖아요?

취직을 하려면 아는 사람도 많이 만들어 놔야 하더라고요. 일을 못 하니까 잘렸죠. 그래서 미싱을 사가지고 여인숙에다 갖다 놓고 주구장창 배웠지요. 그렇게 하다보니까 조금 되더라고요. 그래서 미싱사로 취직을 했는데, 일하다가 잘리고, 일하다가 잘리고, 그렇게 하다 보니까 자리를 잡게 되었죠. 1년 정도 걸렸어요.

미싱사로 일할 수 있게 된 거네요.

예, 그렇게 염천교에서 살았어요. 그러다 보니까 미싱사들 중에서도 아는 사람들이 1~2명씩 생기고 그랬죠. 1년 6개월 정도 미싱사로 일을 했어요. 그 다음에 '젤라'라는 곳에 실장으로 가게 되었죠. 패턴사로요. 조그만 곳이었어요. 직원이 20명 정도였는데 7~8개월 일했어요. 그러다가 박해권[02] 사장님이 한국경세신문 빌딩 옆에 공장을 차려서 거기로 가서 1년 조금 더 있었고, 그 다음에 장충동에 있던 메르꼴레디[03]로 갔죠. 염천교에는 2년 반, 3년 정도 있었네요.

---

02 이 책의 구술자 박해권님이다.
03 (주)유림이 1989년 출범시킨 패션 브랜드이다. 1996년 (주)태흥이 회사를 인수했다.

1980년대 메르꼴레디 광고

토탈패션 메르꼴레디 실장으로 선택받다

2~3년 정도 있다가 장충동으로 옮겨 갔다는 것은 상당히 업그레이드되신 거죠? 이분들이 어떻게 와서 섭외를 하셨어요?

면접을 봤는데요, 이력서를 내는데 회사 사모님이 충청북도 옥천 분이셨어요. 제가 이력서에 충북 청주시 뭐 이렇게 해 썼으니까, 자기는 옥천이다. 그 사모님이 저를 잘 봐주셨어요. 덕분에 거기서 한 4~5년 정도 일을 했죠.

뽑을 때 실력을 봐야 되잖아요? 그런 건 어떻게 보나요?

제가 어디서 일을 했는지 다 물어보시죠. 어디 공장 있었다면 그 공장에 전화해서 이 사람 어떠냐고 물어보시죠.

잘 만드는지 수소문을 하신 거네요? 좋은 평판을 받으셨네요.

저는 밤에도 일하고 그랬어요. 4~5시간밖에 안 잤어요. 머리싸움이다 보니까 많이 보고, 느끼고, 머리에 집어넣어야 작품을 만들죠. 머리에 들은 게 없는데 어디서 어떻게 만들겠어요? 그때는 또 젊었으니까요. 그리고 디자인 보러 명동 쪽 나가고, 압구정동, 잠실 쪽도 나가고, 백화점 쪽 같은 데 나가고 그랬죠. 시간만 나면은 돌아다녀야죠. 이거는 눈이 예민해야하고, 감각이 있어야 돼요. 디자인은 한 회사에서 한 명밖에 안 쓰니까 치열해요. 제가 일 안 하면 우리 딸하고 살아날 수가 없었어요. 살아남으려면 제가 열심히 하는 수밖에 없었어요.

장충동으로 이직하고 급여가 많이 올랐나요?

그때가 1989년도 정도인가 1990년도 정도였는데, 돈 180만 원 받았어요. 많이 받은 거죠.

한국 최고의 구두 브랜드 금강제화 실장(패턴사)이 되다

장충동 메르꼴레디에서 몇 년 계셨던 거죠?

5년 정도 될 거예요.

금강제화로는 어떻게 들어가신 거예요?

금강에서 패턴사를 뽑는다는 연락이 왔어요. 이력서를 넣었더니 패턴 시험을 본다고 그러더라고요. 첫날 이력서를 갖고 갔더니 내일 몇 시까지 이리 들어와라. 갔더니 라스트[04]하고 가죽하고 디자인해 놓은 그림 하나를 딱 주더라고요. 이거를 내일 갑피 부분을 만들어 보라고 했어요. 그래서 이튿날 갖다 줬더니 이틀 뒤에 연락이 또 왔어요. 2차 시험을 보라고 오래요. 갔더니 또 어떠한 디자인을 주면서 이거 패턴을 해 오라고 그러더라고요.

---

04 구두 골을 말한다. 목형이나 플라스틱으로 제작된다.

금강제화

좀 더 어려운 디자인이었어요?

비슷비슷하지요. 그걸 해갖고 이틀인가 있으니까 또 연락이 왔어요. 3차 시험 보러 들어오라고요. 가서 같이 대화를 조금 나누고, 말 잘하는지 보더라고요. 그 다음에 4차를 또 한번 보라고 그러더라고요. 4차 때 높은 사람하고 직접 면담을 했어요. 그랬더니 언제서부터 본사로 출근하라고 그랬죠.

금강제화 시험 봤을 때가 언제였나요?

1996년도 무렵이었어요.

그때는 금강이 우리나라 최고 신발이었을 때였잖아요. 최고 디자이너가 되신 거네요?

예, 그렇죠. 거기 금강 본사에도 뭐 내로라 그럭하시는 분들이 참 많았었어요.

선생님이랑 같이 디자인 시험을 봤던 그 많은 패턴사들, 그분들도 다 선생님처럼 알음알음의 그 사제지간의 관계로써 배운 사람들인 거네요? 혹시 어디 외국 나가서 배우고 그런 사람들은 없었나요?

그때는 다 공장에서 일 배우고 하다가 온 사람들이죠.

금강에 가셨을 당시에 수제화 만들 때랑은 환경이 많이 바뀌었나요?

그렇죠. 염천교에 있을 적에는 일하는 현장 사람들하고 같이 있는데, 갔더니 제 방이 딱 이만하더라고요. 원탁이랑 의자 3개, 제 의자까지 하면 네 개, 그러고 책상 큰 거 하나 딱 주고, 저 혼자 이렇게 딱 쓰는 거예요. 아주 좋았어요. 생각할 수 있는 공간이 있잖아요. 일단은 조용하니까요. 구두 공장은 망치질 뚜닥 뚜닥 하지, 미싱 드르륵 드르륵 박지, 아주 시끄럽거든요.

염천교에 있었을 때는 작업 공간에 모두 같이 계시는 건가요?

이런 작업 공간에 같이 있으면서 그냥 양절 책상 하나 놓고 앉아 있는 거죠. 앉아서 패턴 그림 그리고 그랬죠. 대신에 옆에 일하는 사람이랑 같이 이야기할 수 있는 공간인거죠.

디자인 실장이란 어떤 위상을 가지고 있었나?

염천교에 있었을 때 디자인 실장이 되면 어떤 위상이 되는 건가요?

그때만 해도 현장 사람들 월급 타면 나이트 같은 데 술 먹으러 많이 갔거든요. 그럼 미싱사들이 아이 오늘 뭐 실장님이 밀어주셔서 뭐 월급 얼마 탔었다고, 그러면서 술 한 잔 먹으러 가자고, 한 잔씩 먹고 그랬었어요.

실장의 권한이 미싱사들에게 상당히 컸었나 보네요?

실장의 힘이 괜찮았었죠. 작업량을 할당하니까요. 일 잘하는 사람, 예를 들어서 일을 깨끗하게 잘 하면은 뭐 하나라도 더 주고, 일 못 하는 사람한테는 하나 빼 버리죠. 일종의 품질 관리예요. 일하는 사람이 "아, 저쪽 팀은 뭐 다섯 개를 하는데, 나는 왜 세 개밖에 안 줍니까?", "인마, 저쪽처럼 잘해! 너도!", "너도 저쪽처럼 사고 안 나고 잘해! 그럭하면 똑같이 대우해 줄게, 너가 하는 거, 이게 뭐야? 미싱도 이렇고 지저분하잖아? 저 사람 일한 거랑 너가 일한 거 갖고 와 봐! 누가 더 잘했냐?" 이런 식으로 추궁을 했었죠.

실장이 갑피 작업하시는 분들뿐만이 아니라 저부 작업하는 분들까지 컨트롤하시는 거예요?

어떤 직함을 갖느냐에 따라 조금씩 달라요. 예를 들어서 이사 직함을 갖느냐 실장 직함을 갖느냐의 차이인데요. 이사 직함을 가지면 공장장까지 하는 거죠. 제가 그렇게 했고요. 실장 직함만 가지고 있으면 미싱사들만 관리를 하죠. 저부는 공장장이 관리하고요.

신발의 모든 측면을 완벽하게 다 볼 수 있는 사람이 되어야

디자이너로서 생각했을 때 갑피부터 저부까지 신발 전체를 생각해야 하는데요. 실장이 미싱쪽만 본다면 저부에 대해서 관리가 소홀해지지 않나요?

아니요. 완벽하게 다 해 볼 수 있는 사람이 되는 거예요. 예를 들어서 갑피는 잘 보는데 저부는 잘 못 보잖아요? 그러면 안 돼요. 이사 타이틀은 "너 여기 잘못됐잖아. 공장장 너 일로 와 봐. 너 이거, 이거 잘못됐잖아. 이거 빨리 수정해갖고 다시 다음 작업, 다음 작업부터는 이렇게 하지 마라." 이렇게 할 수 있는 사람이 되어야만 달 수 있어요. 섬세하고 잘 잡아내야죠.

금강에 계실 때 디자인 작업을 보조해주는 직원은 따로 없었나요?

이대 졸업한 직원 두 명이 보조로 있었어요. 디자인과 나온 사람들이었어요. 왜 그런지는 모르겠는데 금강에서는 이대 출신만 뽑았어요.

디자인 전공한 분들이 보조를 하시고 선생님이 주 디자인을 하신다는 거네요. 그러면 당시 어떤 디자인들을 참고하셨어요? 그 정도 되면 국내만이 아니라 국제적인 감각이 있어야 되잖아요?

예를 들어서 A라는 디자인이 있고 B라는 디자인이 있으면 보조 직원들이 그림을 수십 장 스케치해서 갖다가 주죠. 갖고 오면 저도 거르고 위에서도 거르는 거죠. "아, 이건 하자. 이건 하지 말자. 그리는데 고생했는데 이건 없던 걸로 하자." 이렇게 해가지고 골라서 선정이 되면 그 디자인으로 구두를 만드는 거죠. 시즌 상품으로요.

실장님이 하시는 거는 어떤 거예요?

저는 패턴을 만드는 거죠. 실제 구두 모양을 디자인하는 거죠. 그리고 회사 내에 또 쇼가 있어요. 철마다, 시즌마다, 1/4분기, 2/4분기, 그렇게

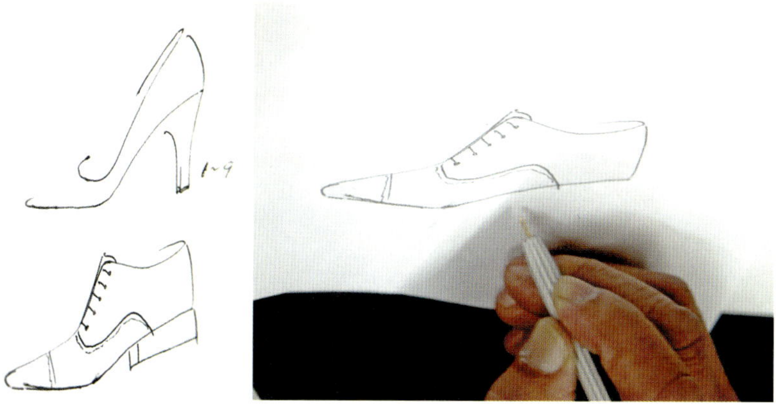

구술자가 직접 그린 스케치

하는 거죠. 만약에 구두 디자인을 80개를 해야 된다고 하면 80가지 디자인을 해야 되고, 족 수도 그에 맞춰야지 되는 거죠. 그 정도로 디자인을 하다 보면 고생을 엄청 많이 해요. 그거 하고 나면 매장의 각 팀장들이 "여기는 이 디자인으로 해주세요.", "이 디자인은 빼세요." 그렇게 하면 다음에는 매장 점장들도 쇼를 보고 거르는 거죠.

패션쇼처럼 구두쇼를 하는 거네요?

그렇죠. 그렇게 하면 점장들이 걸러내고, "이건 상품으로 만듭시다."라고 하는 거죠. 그러면 이제 발주가 나는 거예요.

그러면 이대 졸업한 그 디자인 하는 직원들은 트랜드를 고려해서 예쁘게 드로잉을 그리고, 실장님은 실제 발에 그게 편한지의 여부를 고려해서 만드는 거네요.

색상 같은 건 여직원들이 정하고요. 큰 회사다 보니까 저는 패턴을 잘해주면 되는 거예요. 디자인할 때 첫째는 선이 예뻐야 하거든요. 곡선이 잘 돌아가야 되는데 흠을 잡히기도 하고, 앞이 길기도 하고 짧기도 하고, 복숭아뼈에 닿기도 하고, 뒷굽이 높거나 얕거나, 그런 것들도 다 예민하게 다 생각해야 돼요. 구두라는 게 흠을 잡으려면 한도 끝도 없어요. 어떤 거든지 안 잡힐 수가 없어요.

금강에 선생님이 들어가셨을 때 패턴사가 몇 명 정도였나요?

제가 갈 때 한 20명 정도 됐을 거예요.

모두 금강의 신제품 디자인 패턴을 내는 분들이네요?

예.

그럼 이분들은 전부 디자인 전공자가 아니라 선생님처럼 구두를 만드는 전 과정을 연마해 오시고 기술을 보유하신 분들이네요?

예, 그렇죠. 패턴사라면 어떤 디자인을 갖다 주더라도 만들 수 있는 능력이 돼야지 패턴사가 되는 거죠. 그 패턴을 뽑지 못할 능력이라면 그건 패턴사가 아니지요. 장판 걷고 그만둬야지요.

대학교에서 디자인을 배운 분들은 구두 패턴을 못 내나요? 예를 들어 대학에서 디자인을 배운 분들은 구두 패턴은 못 내나요?

그림만 그려서는 패턴 작업을 못해요. 대학에서 구두디자인 전공해도 말이죠. 대학교에서 패턴 배우는 과정을 해도 기초만 조금 가르쳐 주는 정도예요. 실전에서는 못하죠. 평면을 가지고 입체에 맞게 만드는 일이라서요. 패턴이라는 것이 보통 어려운 게 아니에요. 힘들어요. 그러니까 100명 중에 1명 있다는 게 다 이유가 있는 거예요. 학교의 짧은 교육으로는 힘들죠. 교수님들도 이거는 잘했나 못했나를 평가할 수 없는 거예요.

예쁘게 디자인을 하는 거는 대학에서 가르칠 수 있지만, 그 디자인을 가지고 패턴을 내는 거는 신발을 계속 만들어 봐야 가능한 것이고, 대학에서 이 과정을 연마하는 사람이 없는 거잖아요?

자기의 노하우가 있어야죠. 그 과정이 진짜 힘들어요. 처음부터 모든 걸 다 겪어야 패턴사가 되는 거지요. 피눈물이 나지 않고서는 패턴사가 될 수가 없어요.

외국 장인들의 수제화 샵, 우리나라도 그런 성공이 가능하다

현재 우리나라에서 패턴사 인력을 키워내는 과정은 거의 지금 단절된 거네요?

아마 우리 세대 끝나면 거의 수입해서 신을 겁니다.

처음에 금강에 가셨을 때는 거의 자체 제작이었죠?

그렇죠. 그러다가 인도, 중국, 베트남 그리고 얼마 전까지만 해도 북한에서 만들어오고 그랬죠. 시간 걸리는 거는 다 외국에다 보내서 만들어 와요. 한국 사람들은 디자인을 하라고 하면 시간 걸린다고 안 해요. 돈도 많이 달라고 하죠. 저부까지 6,000~7,000원 달라고 하는 게 있으면 중국에서는 300원이면 할 수 있거든요. 그러니까 우리나라에서는 만들 수가 없는 거예요. 그렇다고 기술자들이 많은 것도 아니에요. 사람들이 없어지면 어디서 해 올 데도 없잖아요. 매장에서 빨리 해 달라고 그러죠. 결국에는 외국으로 보내서 가지고 오는 수밖에 없잖아요. 돈도 덜 들고요.

외국은 보조금을 준다고 들었어요.

예, 맞아요. 이태리 같은 외국에서는 나라에서 일하는 사람들한테 보조를 해 줍니다. 일본도 최근부터 조금씩 보조를 해 준다고 하더라고요. 그런데 우리나라는 그렇게 해 주는 게 없잖아요? 뭐 어떻게 해서 세금이나 더 받을까 궁리하죠.

지금도 우리나라 실정이 지금 이런 단계가 와 있잖아요? 지금 일 하는 사람이 없으니까요. 그런 나라들도 그때 한때는 우리 같은 실정을 겪었었던 나라거든요. 그렇기 때문에 구두 일 하는 사람들을 양성시키기 위해서 정부에서 어떠한 혜택을 주고 구두 장인이 될 수 있게끔 해 주잖아요.

예를 들어서 우리나라도 이태리처럼 어떤 매장에 이렇게 딱 보면요, 홍길동이면 홍길동이라고 자기 이름을 해 넣고 진짜 장인적인 구두를 만들고 있는 곳이 많아요. 한국도 이제는 이태리 같은 그런 시스템으로 지금 서서히 돌아가고 있거든요. 조금씩 말이지요. 아직 정부에서는 지원을 안 해 주지만요. 그래도 우리가 자기 이름을 걸고 이렇게 하고 있어요. 구두 일을 이렇게 지금도 하시는 분들은 자기의 노하우도 있고, 자기 자부심을 갖고 하는 거예요.

선생님 같은 경우에는 다 자체적인 공정을 다 아시는 분이신데 그런 자기 수제화 가게나 브랜드를 만들 욕심 같은 거 없으셨어요?

제가 그렇게 하려고 그랬었어요. 당시에 제 이름을 걸고 하나 만들려고 그랬었거는요. 제가 금강에서 60까지 일했거든요. 제 이름도 있고 그래서, 조그맣게 비싼 구두를 진짜 정성을 다해갖고 만들어서 외국 브랜드에 뒤떨어지지 않는 디자인으로 만들려고 그랬죠. 켤레당 최하 70만 원선 이상 받고요. 샵에는 쭉 안 놓고 구두 한 몇 가지만, 7~8가지 디자인만 딱 얹어 놓고 말이죠. 이태리 못지않은 그런 구두를 만들려고 그랬죠. 그런데 제가 얼마 전에 담낭암 수술을 했어요. 2016년도에요. 금강에서 정년하고 삼성 제일모직 구호(KUHO)[05]라고 있죠? 거기에서 일하다가 생겼거든요. 지금은 건강해요. 그래서 이제는 안하려고 해요.

선생님의 그런 장인의 이름을 걸고 하는 수제화 가게는 사람들이 디자인과 품질에 만족을 느낄 거라고 생각하시는 거네요?

그렇죠. 우리나라도 이제는 옛날보다 어느 정도 사는 게 좋아졌잖아요? 그렇기 때문에 신발이 좋으면 70~80만 원, 100만 원 같은 건 여자들이 잘 써요. 물론 1년은 고생해야 되겠죠. 만약에 제가 한다면 1~2년 고생해야지 되고, 그렇게 해서 내 고객을 만들어야지 되는 거죠. 제가 금강 나와서 구호에서 3년 정도 일하면서 보니까 구호패션 입는 사람들이 이런 신발을 선호할 거라는 감이 오더라고요. 구호에서 근무할 적에 진짜 편안한 신발, 구호에서도 지금 70~80만 원, 100만 원씩 받거든요. 진짜 저는 그런 신발을 딱 만들려고 그랬죠.

그런 것들은 수제화 기법으로 해야 되나 보네요?

기계로는 가죽을 당기기 때문에 그런 라인이 안 나와요. 첫째로 선이 안 나와요. 발이 편안하고 내구성이 있는 신발을 만들려면 수제화를 살려서 나가야 돼요. 구두는 멋도 멋이지만 발이 편안해야 되거든요. 신발을 신었을 적에 불편한 데가 없고 편안한 데가 있어야지요. 본인의 발등 높이도 다르고 발 모양도 다르거든요. 그러니까 사람의 섬세한 손길, 그런 자부심을 갖고서 만들어야지요.

네, 장시간 면담해주셔서 감사합니다.

---

05 1997년 디자이너 정구호가 설립한 패션업체이다. 2003년 삼성물산이 인수하였다.

"염천교 신발은 부산에서도 가져갔어요"

| 정상만 |

주요약력	1947년 전라남도 보성 출생
	1967년 광주에서 구두일을 배움
	1970년 면소재지의 양화점 사장이 됨
	1975년 서울 상경
	1976년 원효로 태양양화점 근무
	1984년 염천교에서 구두공장 운영

면 담 자	김영미(국민대학교)
면담주제	염천교 구두장인들의 일과 삶
면담일시	2018년 10월 18일
면담장소	홍은동 구술자 작업장

광주에서 시작한 구두일

서울역사편찬원에서 염천교 수제화 장인들의 삶을 구술 채록하는 인터뷰입니다. 오늘은 홍은동에 구두작업장을 운영하고 계시는 정상만 선생님의 살아온 이야기를 들어보도록 하겠습니다. 안녕하세요. 선생님, 자기소개 부탁드립니다.

정상만입니다. 1947년생이고 전남 보성 출신입니다. 보성군 득량면 마천리에서 태어났어요. 부모님 고향이기도 하지요. 4남매 중에 막내였어요. 학교는 보성남국민학교와 보성중학교를 나왔지요.

구두 기술은 어떻게 배우게 되신 건가요?

원래 집에서 농사일을 돕고 있었는데 돈을 벌고 싶어서 광주로 올라갔지요. 거기서 구두일을 배우게 됐어요. 그때가 1967년 정도니까 제가 21살 무렵이었어요. 무작정 광주로 갔지요. 처음 갔던 거예요. 친구들이 광주에서 자취하고 그랬거든요. 저는 학교를 못 다니는데 친구들은 고등학교를 다니고 있었거든요. 그래서 친구 자취방에서 놀고 있었는데 자취집 앞에 여인숙에서 심부름하는 녀석이 저랑 나이가 같아서 친하게 지냈어요. 그런데 거기서 먹고 자는 형들이 체격도 우람하고 멋있게 생겨서 같이 친밀하게 지냈어요.

그런데 하루는 놀러가자고 그러더라고요. 그래서 가니까 광주 충장로에 있는 상해양화점이라고 있었어요. 그 양화점 2층으로 올라가더라고요. 올라가서 보니까 옷은 남루하고, 풀이 막 묻어있고, 작업복을 입은 사람들이 앉아서 막 뭐를 만들더라고요. 그래서 이렇게 가서 보니까 신발을 만들더라고요. 구두를 만드는데 그게 굉장히 재미있게 보여요. 제가 평소에 성격이 좀 꼼꼼해가지고 무언가를 만들기를 굉장히 좋아했었는데 그걸 보니까 아주 흥미롭게 느껴지더라고요. 그래서 그 친구 선배랑 놀다가 나오면서 제가 물어봤어요. "저걸 배우려면 어느 학교를 다녀야 되냐?"

그러니까 "아 저거는 학교에서 배우는 게 아니고 누구든지 와서 저거를 배우면 기술자가 될 수 있다." 그렇게 얘길 해줘서 "나도 좀 배울 수 없냐?" 그러니까 "그럼 좋다."고 자기가 지금 견습이 필요한데 "그러면 나 밑에서 견습으로 배워보겠느냐?"고 그러더라고요. 그래서 "좋다." 그런데 밥을 자기가 먹고 숙식은 다른 데서 하고 출근을 해서 이렇게 해야 된다고 그러더라고요. 그런데 밥 먹을 데는 친구 자취방밖에는 없고 먹을 쌀이 없는 거예요. 그래서 "어느 정도까지 그런 정도로 생활을 해야되냐?"고 그러니까, 보통 한 5~6개월 정도 하면 밥을 얻어먹을 수 있는 정도의 기술을 습득할 수 있다고 그러더라고요.

그럼 어떻게 하셨어요?

그래서 일단 고향 집으로 내려왔어요. 아버지한테 "내가 이러이러한 신발 만드는 기술을 배워볼라고 그러는데 밥을 먹고 다니라고 그러는데 밥 먹을 저거(방도)가 없다. 그래서 쌀 1가마니만 주쇼." 그랬어요. 1가마니 있으면 혼자 3달은 먹으니까 다른 사람이 6개월 동안 배우는 기술을 저는 3개월에 익히겠다고 생각한 거죠. 잠 안자고 연습하고 실 꿰매고 그랬죠.

그렇게 하고 보니까 광주에 있으면 굉장히 힘이 들겠더라고요. 숙식하는 것도 그렇고요. 그래서 '보성에도 양화점이 있겠지.' 하고서 일요일에 보성에 내려와 봤어요. 읍을 싹 다니니까 양화점이 5곳 있더라고요. 조그마했어요. 광주는 좀 크지만 이쪽은 작더라고요. 친구 아버지한테 "혹시 양화점 아는 분 있냐?"고 그러니까 있다고 하면서 럭키양화점이라는 곳에 데리고 갔었죠. 인사를 드리고 일 하는 걸 보니까, 만드는 과정은 똑같더라고요. 공장이 크기만 차이가 있었어요.

그곳에서도 기술을 배우신거죠?

당시에 기술자 되신 분이 장애인이더라고요. 한쪽 다리가 불구예요.

그분 나이가 60살 가까이 되었어요. 인사드리니까 내일부터 나와서 기술을 배우라고 그랬죠. 그때도 밥은 먹고 다녀야되어서 친구 아버지 집에서 숙식하기로 했어요. 거기서 먹고 자고 다니면서 일을 배웠어요. 거기서 1년 정도 있는데 박해권[01] 사장, 그 사람 집 앞에 광주양화점이라고 있었어요. 거기로 옮기게 됐어요. 여기서 만든 신발이랑 거기서 만든 신발이랑 차이가 났어요. 새로 본 가게가 더 예쁘고 뭔가 기술이 틀린 것 같았어요. 그래서 럭키쪽에 얘기를 했어요. "나 더 좋은 기술을 배우기 위해서 광주양화점으로 가야 되겠습니다." 그러니까 서운한 소리를 막 하더라고요. 그분은 몸이 불편하니까 저한테 기술을 빨리 가르쳐서 부려먹으려고 했는데 제가 더 좋은 기술 배우려고 더 잘 만드는 집에 가야겠다고 하니까 그랬죠.

그렇게 해서 광주양화점으로 갔는데 박해권 사장이 바로 앞집에서 살았어요. 중학교인가 고등학교인가, 그렇게 다녔을 거예요. 해권이가 당시에 놀기 좋아해서 학교를 잘 안가고 친구들하고 돌아다녔는데 어머니 되시는 분이 한복집을 크게 했어요. 옛날에 한복 만들어주고 그런 곳이었어요. 그런데 어머니가 "우리 해권이 좀 데려다가 기술 좀 같이 하면 어떠냐?"고 자꾸 권했어요. 해권이보다도 어머니가 자꾸 얘기했죠. 그래가지고 거기서 제 밑에서 못도 피고, 심부름도 하고 그러면서 같이 일을 배웠어요. 그래 나는 중견습이고, 해권이는 하견습이고, 그렇게 해가지고 거기서 오래 있었지요.

선생님을 가르쳐주셨던 럭키양화점의 그분 나이가 당시에 60살 정도라면 광복 이전부터 구두 일을 하셨을 것 같은데요. 혹시 그분은 구두 일을 일본인한테 배우신 건가요?

그건 아니었어요. 그 선생도 한국 사람한테서 배웠어요.

---

01 염천교 수제화 가게 더존댄스화 사장이다. 이 책의 구술자 박해권님이다.

20대 초반에 면소재지 양화점의 사장이 되다

그곳에서 새로 양화점을 차리셨다고 들었는데요. 그 이야기를 해주세요.

당시에 우리 형님이 군대를 가게 돼서 가게를 나오게 되었어요. 나와서 시골집에서 농사를 지었죠. 그런데 시골에는 겨울에 농한기가 되거든요. 그런데 거기 면소재지 조그마한 데에 양화점이 하나 있었죠. 5일장이 있으니까 장날이면 가서 일도 도와주고 이런저런 얘기도 하면서 겨울을 지냈어요. 어느 날 그 사장님이 뭐라고 그러냐면 자기는 나이도 먹고 그러니까 "나는 양계를 한번 해보고 싶어서 할 테니까 네가 농사지으면서 가게를 맡아서 해봐라. 그러면 괜찮을 것이다."라고 그랬죠. 당시 그 사장님이 60이 넘은 거 같았어요. 당시에 닭 키우는 거 많이 하고 그랬거든요. 그래서 제가 쌀을 다섯 가마니를 주고 그 양화점을 샀습니다. 그래가지고 거기 양화점의 사장이 되었어요. 1970~1971년 무렵일 거예요.

면사무소 앞에서 사장님이 되셨을 때 작업은 어떻게 했나요?

제가 저부 전문이었어요. 제갑 디자인은 할 줄 아는데 미싱만 안 배웠어요. 당시 제갑은 작업해주는 데가 있었어요. 전문으로 해주는 데가 있으면 거기다가 주문을 하는 거죠. 해 갖고 오면 저부를 하고 그랬죠. 그때 당시 방식은 풀로 붙이는 이 시멘팅 작업이 아니고, 실로 꿰매서 했던 웰트식 제법[02]이었었지요.

진짜 명품이네요?

그렇죠. 그때는 전부다 손으로, 바늘로, 송곳을 뚫어서, 꽉 조여서, 그렇

---

02 긴 가죽끈(Walt)을 이용해 갑피와 밑창을 꿰매서 구두를 만드는 방식이다. 대다리 방식이라고도 한다.

웰트식 제법으로 만드는 구두

게 했죠. 물론 지금이니까 그런 신발을 명품이라고 하죠. 당시에도 잘못 만들면 벌어지고 막 그랬어요.

서울 같은 큰 도시가 아니라 작은 면 지역에서도 디자이너나 제갑 잘하는 곳이 많았나요?

서울에다가 주문하기도 했어요. 기본적으로 제갑하는 데에서 디자인도 같이 해줬어요. 면에 있는 게 아니고, 읍이나 군 단위 정도에 있었어요. 아니면 광주 같은 곳에 가서 해오고 그렇게 했죠. 쌀이 한 가마니가 3,000~3,500원, 그렇게 할 때였는데 신발이 1,500원 했어요. 그때 한 켤레를 만들면 무조건 반은 남았어요. 그 당시에 구두 하는 직업, 양복 만드는 직업이 잘 나갔어요. 공무원이나 이런 사람들은 우리가 버는 벌이를 따라오질 못했어요. 수입 면에서는 1등으로 달릴 정도로 많았어요. 다들 부러워했죠.

처음 지역 면에서 구둣방 사장이셨을 때에도 모두 맞춤이었나요?

맞춤이었죠. 사람들이 와서 먼저 치수 재고, 나중에 찾으러 왔죠. 빨리 하면 5일, 보통은 7~10일 정도 잡아야 돼요. 장날에 와서 신발 맞추고 다음 장날에 와서 찾아가는 식이었어요. 당시 신발값이 쌀 반 가마니였어요. 그러면 쌀 한 가마니 3,000원 주고 팔아가지고, 신발 하나 맞추고, 그날 술 한 잔 먹으면 쌀 한 가마니가 날아가는 거였죠. 시골에서는 굉장히 많이 번거였어요. 그때는 굉장했죠. 한 달이면 논 한 마지기씩 산다고 그랬어요. 당시에 고향에서 쌀 15가마니 주면은 논 좋은 것 한 마지기씩 샀어요, 250~300평? 그러면 겨울 같은 때는 한 달이면 한 마지기씩 살 수 있었어요. 그런데 그걸 전부 다 부어라, 마셔라, 철없을 때니까 유흥비로 다 썼죠.

제1차 석유파동으로 고향 양화점을 접고 서울로 상경

가게가 잘 되었나보네요.

그렇게 양화점을 3~4년 했는데 오일파동[03]이 일어나니까 장사가 안되는 거예요. 신발 주문이 하나도 안 들어오는 거예요. 그때 '우리나라 도시를 한번 놀아봐야 되겠다.'고 생각해서 차를 타고 부산을 갔어요. 부산에 가서, 또 서울에 와서, 쭉 돌아다녀보니까 다들 장사가 안되는 거예요. 딱 전쟁이 일어난 기분이었어요. 그렇게 장사가 안돼서 양화점은 그만두게 되었고, 서울로 상경했죠.

03 1973년 일어났던 제1차 석유파동을 말한다.

그때가 몇 살이셨나요?

1975년 무렵이 됐을 거예요. 그렇게 서울에 와가지고 일을 하라고 그러니까 손도 마음도 안 잡히는 거예요. 시골이었지만 명색이 사장이었는데 남의 집에 가서 일을 하라고 그러니까 마음이 착잡하더라고요.

서울에 올라오셨을 때 처음에는 어디서 사셨나요?

당시에 아는 친구가 용산역 앞에서 양화점을 조그맣게 하고 있었어요. 거기서 숙식을 했었어요. 젊었으니까 같이 뒹굴고 그러면서 한 1년 가까이를 놀았어요. 일을 안 했어요. 그렇게 놀다가 이제는 일을 해야 되겠다고 해가지고 간 데가 원효로2가의 태양양화점이라고 있었어요. 거기서 일을 시작했어요. 남의 집 양화점에서 일을 한 거죠. 가서 일을 했는데, 가만히 보니까 신발이 너무 모양이 없고 너무 마음에 안 드는 거에요. 명색이 서울 신발인데 말이죠. 그래서 '돈을 벌기 전에 멋진 신발을, 내 마음에 드는 신발을 한번 만들어보자.' 생각했죠. 그래서 뚱뚱한 골, 그러니까 라스트[04]를 야스리[05]로 밀어가지고 새로 만들었죠.

그때는 나무 골이었나요?

나무였어요. 그걸로 신발을 하나 하이모[06]로 딱 만들어서 놨는데, 원효로에 그 근방에 있는 사람들이 모이면 "와, 이 신발 예쁘다."고 다들 윈도우에서 그걸 보고 "참 잘 만들었다."고 그랬어요. 그래서 칭찬을 듣고 그러다가, 충무로 같은 시내로 양화점 일하러 다니고 그렇게 했죠.

---

04 신발 틀, 구두 골을 말한다.
05 일본어로 야스리(やすり)라고 한다. 줄과 같은 다듬질 공구를 말한다.
06 발모랄(Balmoral) 구두 형태를 말한다. 구두끈을 묶는 레이스 부분의 날개를 양쪽으로 덮는 형태이며 발등 부분이 위로 올라가 있다. 예식에 어울리는 정숙한 디자인이 특징이다.

원효로의 태양양화점은 금방 그만두신 거예요?

2년 정도 하다가 다른 데로 옮겼죠. 신발 만드는 공장으로 옮기는 게 아니고 메쉬[07] 만드는 업자를 알게 되었어요. 장사하는 사람들하고 알고 지내다가 보니까 공장으로 가게 된 거예요. 수유리 장미원이라고 있는데, 장미원 뒤에 메쉬 만드는 공장이 있더라고요. 비닐을 잘라가지고 그걸 말아서 조립을 해서 신발 만드는 공장이더라고요. 가서 보니까 작업이 굉장히 흥미로웠어요. 마음에 쏙 들었죠. 그래서 사장님한테 "나 저거 좀 만들어 보자."고 얘기를 했어요. 월급이고 뭐고 그런 거 따지기 이전에 우선 저걸 만들면, 다음에 잘되면 제가 돈을 벌게 아니냐고 했죠.

그렇게 메쉬 만드는 걸 3년 했어요. 비닐을 1㎝ 정도 되는 너비로 해갖고 3겹으로 접고 안에다 테이프를 넣어서 실을 만들어요. 그러면 실을 쭉 뽑아가지고 그걸로 신발에 갑피를 만들었거든요. 실은 제가 그때 손작업을 하는 것을 기계화시켜가지고 실을 많이 생산할 수 있게끔 개발을 했었는데요. 시대가 변해하면서 비닐은 인기가 떨어지고 가죽으로 만들게 되더라고요.

메쉬를 가죽으로도 만들어보셨어요?

가죽으로 만들어서 팔아봤는데 작은 자금으로는 도저히 안 되더라고요. 거기 사장님도 그래서 그만두고 다른 일을 하러 나갔어요. 그런데 그때 공장에서 일하는데 가죽 장사를 하는 분이 있었는데 마포에다가 공장을 하기 시작했어요. 그래서 또 그쪽 공장에 가서 일했어요. 시작을 같이 했죠. 그렇게 2년 정도 있다가 나와서 다른 집에 가서 일을 하고 그랬어요.

---

07 피혁이나 원단을 얇게 그물처럼 엮어서 통풍이 잘되게 만드는 방식을 말한다. 구두의 경우에는 가죽을 엮어서 제작한다.

구두일을 접고 보일러 설비업에 종사하기도

그러다가 구두일을 잠시 접은 시기가 있다면서요?

대전에 우리 생질, 누나의 아들 둘이 거기서 건축 설비랑 보일러를 놓는 일을 했어요. 그런데 "와서 같이 이걸 한번 해보면 어떠냐?" 그랬죠. 제가 뭘 만들길 좋아하고 그러니까 걔네들이 끌어들인 거였어요. 보일러 설비하는 것을 5년 가까이 했죠.

대전에 가셨을 때가 나이가 어느 정도 되셨어요?

그때가 30대 가까이 되었어요. 1980년대 초였어요. 광주혁명[08]이 바로 일어난 그 무렵이에요. 그때 거기서 한 몇 년 같이 했었던 거죠. 구두일 다 정리하고 그랬죠. 조카애들하고 일하면서 실용신안특허[09]를 냈어요. 연탄보일러 위에 통을 넣어서 물을 덥히는 장치였죠. 특허를 내서 보일러 팔러 다니고, 가게에서도 팔았어요.

장사가 잘 됐겠네요?

많이 팔았지요. 그런데 그때도 시대가 변하던 때라서 작은 집을 짓는 게 한물 가더라고요. 연립주택이나 이런 쪽으로 건축들이 많이 변하게 되고, 아파트가 굉장히 성행하는 단계에 오니까 연탄보일러가 죽고 기름보일러로 가더라고요. 그래서 이것도 막차를 타는 그런 입장이었죠. 결혼도 그 무렵에 했어요. 저는 어릴 때 신앙생활을 한 사람인데 사춘기 때는 이렇게 방황해서 교회라는 것은 모르고 살았어요. 그렇게 살다가 대전에 내려가서 다시 다니기 시작했죠. 그러면서 목사님이 소개해 줘서 하게

---

08 5·18광주민주화운동을 말한다.
09 현행법상의 실용신안을 말한다. 이미 발명된 것을 보다 편리하고 유용하게 쓸 수 있도록 개량한 것에 주어지는 권리이다.

돼요. 1984년에 결혼을 하고 그러면서 서울로 올라왔어요. 구두공장도 다시 시작하게 되었어요. 본업으로 돌아온 거죠. 그 이후로 계속 이 일에 매달려 있는 거죠. 그 무렵에는 신발이 없어서 못 팔았어요. 만들어 놓으면 염천교 매장에서 와가지고 막 자기들이 빼가지고 집어갔죠. 좀 미비한 것도 가져가고 그랬어요.

염천교에 있는 분들한테 파셨던 건가요?

염천교에도 팔고, 동대문에도 팔고, 두산타워 개장할 때, 거기 매장에도 팔고, 직접 매장도 해보고 그랬어요. 두타에서도 처음에 사업설명회 할 때에는 "수제화 공장 하는 사람들 위주로 해가지고 매장을 주겠다." 그렇게 해가지고 갔는데 실제 가서 보니까 기성화 파는 가게가 대부분이고 수제화는 몇 집밖에 없었어요. 그렇게 하다가 안 되겠더라고요. 두산타워 회사원들도 기성화를 신지 이쪽으로는 사러 오지를 않아요. 그러면서 상가 임대료는 몽땅 받았죠. 그러니까 장사가 되지를 않았어요. 동대문권 수제화는 싹 죽어버렸죠. 밀레오레나 두타나 다 그렇게 수제화가 죽어버렸어요. 처음에 들어갈 때 수제화 공장 하는 사람들 위주로 해가지고 이걸 고급화를 하는 정책을 꾸준히 해야 됐는데, 백화점에서 15만 원 하는 거 여기서는 5만 원은 싸게 살 수 있었거든요. 그러면 백화점 손님을 뺏어먹을 수 있었는데, 그거를 생각 안하고 기성화 업자들을 데리고 와서 동대문 상권이 결과적으로 다 없어진 거죠. 지금의 신발 업계가 죽어버린 게 그런 것들 때문이에요.

1984년 염천교에서 구두공장을 시작하다

1984년도에 서울에 와서 구두공장을 처음 하셨을 때, 어디에 문을 여셨어요?

염천교였죠. 봉래동이었는데 옛날에 거기 봉래극장이 있었어요. 극장

두산타워와 밀리오레가 있는 동대문 전경

뒤편에서 시작했죠. 그때 염천교 일대에 구두공장들이 참 많았죠. 1984년에 공장을 시작할 때 구두가 엄청 잘 팔릴 때였어요.

왜 염천교에 구두 가게들이 생겼는지, 그런 얘기를 들어보신 적이 없으세요?

그것이 제가 듣기로는 일제 때 처음에는 남대문 밑에 피혁점이 많았다고 해요. 그것들이 다리를 건너서 봉래동 쪽으로 뻗어간 거예요. 그래가지고 구두 도매상이랑 피혁점들이 들어섰어요. 그러다가 피혁점 사람들이 뒤로 물러나고, 그 자리에 도매상들이 쭉 나왔죠. 그렇게 형성된 거예요. 그러니까 1970년대 중반에서 1980년대 초반 정도에 구두 거리가 형성되기 시작한 거죠. 사람들이 처음에는 전부다 양화점에서 맞춰서 신었거든요. 발 재서 맞춰서 신었는데, 그 이후로 기성화가 왕성하게 발달한 거죠.

공장 하실 때 기술자 선생은 몇 명 정도 두고 시작을 했나요?

5명 정도였어요.

선생 밑에 또 보조해 주는 분들은 그럼 몇 명이나 있었나요?

그때 당시는 밑에 보조해 주는 사람이 없었어요. 선생들만 있었어요. 시대가 변하면서 구두일 배우는 사람이 없어졌거든요. 선생들만 했어요. 그때 무렵부터 구두 배우는 사람이 없어졌어요. 저부와 제갑을 선생들이 나눠서 했어요.

하루에 한 선생이 몇 켤레 정도 만들 수 있었나요?

당시는 보통 25족에서 30족 정도 만들었죠.

판로는 그때 어디에 파셨어요?

제일 처음에 판로는 염천교 가게들이었어요. 많이 있었죠.

선생님 신발은 품질이 좋아서 염천교에서 서로 가져갈려고 그랬겠네요?

그때 당시에 신발 숫자가 딸려서 염천교에 한 집, 한 집, 그렇게 줬어요. 부산에서도 와서 싹 쓸어가고 그랬어요. '서울양화점'이라고 부산 서면에 있었던 가게였어요.

당시 유행하던 구두가 있었나요?

시작할 당시에 염천교 물건이 전부 로퍼[10]만 나왔거든요. 색깔은 노란색 비슷한, 그런 색깔을 많이 만들었어요. 그때 제가 FG[11]라는 가죽으로 제품을 만들었거든요. 신사화 풍이었어요. 당시에 사상처리[12] 하는 법을 메이커

---

10 끈이 없는 디자인의 구두를 말한다.
11 풀그레인(Full Grain)을 말한다. 소가죽 가운데 바깥쪽 외피 부분이다.

구두에 광택을 내는 사상처리 작업

구두회사만 알았지 변두리에서는 사상을 제대로 하는 사람이 없었어요. 시야기[13]하는 데 여기다가 약을 바르고, 광약을 바르는 과정이에요. 그렇게 해야 신발이 모양이 나거든요. 그거 할 당시에 다른 집에서는 이 사상제법을 몰라가지고 못했거든요. 그런데 저는 그때 당시 그걸 시작을 하면서 한독약품에 사상제를 공장 도매하는 분을 알았어요. 지금도 한독약품을 제일 고급으로 쳐줘요. 사상하는 기술을 배우기 위해서 거의 한 달 동안을 쫓아다녔어요.

한독약품에 가서 배우신 거예요? 그때 한독약품 회사가 어디에 있었나요?

중랑교에 있었어요.

12 구두 가죽에 염색을 하거나 광택을 내는 공정이다.
13 일본어로 시아게(仕上げ)라고 한다. 마무리 작업을 말한다.

혹시 안 가르쳐 주려고 하지는 않았나요?

그때는 약 팔아먹기 위해서 잘 가르쳐 줬어요. 가서 제가 그 사람이 하는 거 보고 직접 해보고, 그 모든 기구나 약품들 전부 사다가 했어요. 그랬더니 메이커에서 하는 제품처럼 그렇게 깔끔하게 잘 나오더라고요. 양화점들이 줄을 섰죠. 굉장히 인기가 있었어요. 그런데 아쉽게도 많이는 못 만들었어요. 기술자가 없었거든요. 게다가 저도 5년 가까이 이 계통을 떠났다가 다시 와서 이걸 하니까, 아는 사람들이 다 뿔뿔이 어디로 갔는지 모르겠더라고요. 기술자를 못 모으니까 신발을 많이 못 만들었어요. 덕분에 많이 벌지는 못했어요. 그리고 그때 당시에도 신발 마진이 너무 적었어요. 한 켤레에 3,000원, 많이 본 게 5,000원. 그 정도밖에 못 봤어요. 그러면 하루에 신발 100족 만든다고 생각해 보세요. 그러면 그때 당시에 신발 뭐 1,000원 띠기, 2,000원 띠기 하는 게 많았으니까요. 그러면 커피 한잔 가서 홀짝 마시면 신발 한 켤레 딱 도망갑니다.

커피 한잔 값이네요?

커피 한잔 값이에요. 그러면 신발 하나를 만들기 위해서는 가죽을 사다가, 이걸 잘라서, 제갑을 해서, 저부를 해서, 가서 납품을 해가지고, 거기서 돈을 받아와야 1,000~2,000원 마진이 생기는데, 커피 한잔 그냥 앉아서 홀짝 마시면 신발 하나가 날라가는 거예요. 이게 그런 정도로 박했어요.

왜 그렇게 박했나요?

그때 당시에 구두 도매상을 하는 사람들은 전부 다 고등학교나 대학 출신들입니다. 염천교에서 그때 당시만 해도 다 돈 있고 그런 분들이었어요. 그런데 구두 만드는 사람은 머리에 먹물이 없어요. 초등학교도 제대로 못 나온 사람이 부지기수였죠. 그래서 가게가 싼 값에 납품하도록 유도하면 공장들은 순진해서 서로 싸움이 붙어요. 공장해서 돈 번 사람이 없어요.

겨우 했다고 해봐야 집 한 채 사는 거 정도로 영세해요. 지금도 마진은 1족에 1만 원 정도에요. 신발업계가 그렇게 아주 힘듭니다.

여기서 만든 신발들은 어디로 들어가나요?

지금 여기서 만드는 게 동대문 도매시장하고, 인터넷하는 사람들이 몇 개씩 가져가고 그래요. 예를 들자면 좋은 타조가죽 구두를 신고 싶다고 하면 강남 같은 곳에 가서 사려면 100만 원 이상 줘야 되거든요. 그런 신발이 우리한테 의뢰가 왔을 때, 우리는 그거 반 가격이면 해 줄 수 있거든요. 체면상 좋은 신발도 신고 가야 되는데, 강남 같은 데는 너무 비싸고, 그런 분들이 많이 오죠. 그러고 발볼이 딴 사람보다 넓다, 발등이 높아가지고 편한 신발을 못 신어본 분들, 혹은 장애인 신발, 다른 데에는 50만 원 이상, 70만 원 달라고 하는데 우리는 30만 원 정도면 만들어줄 수 있거든요. 그런 것들은 지인들이 소개하거나 단골들이 주로 이용하는 거죠.

당시 염천교에서 공장을 하면서 판매까지 겸하셨으면 돈을 더 많이 벌 수 있으셨을 텐데요. 왜 공장만 하신건가요?

제가 판매까지 겸할 수 있는 능력이 안 됐어요. 공장 하면서 매장까지 하려면 돈이 엄청나게 들어가거든요. 제가 두산타워 개장을 할 때에 조그맣게 1평인가 1.5평인가, 작게 가게를 했었는데 안 맞더라고요.

염천교에서 1984년도에 공장을 내셔서 몇 년 정도 하신 건가요?

2000년도? 2002년도? 아마 20년 정도 했죠. 그러다가 홍제동 이 근방으로 옮겨가지고 왔지요.

20년 하셨으면 많이 버셨겠네요.

돈은 못 벌었어요. 돈 번 사람들은 열 손가락 정도에요. 그 사람들도 겨우 집 한 채 사는 정도지, 번 사람이 없어요. 피혁 계통이 돈 버는 사람이 없었어요. 대부분의 사람들이 미래를 생각하지 않고 조금 벌었다 하면은 술 먹고, 그러다가 못 모았죠. 왜냐하면 이게 다 도급제 때문이에요. 보통 회사에서는 한 달에 꼬박꼬박 월급이 나오잖아요. 이쪽 기술자들은 전부다 도급제거든요. 만든 족 수마다 돈을 받아요. 기술자가 한 달에 300만 원을 버는데 회사 사람은 월급이 200만 원이라고 하면 밖에서는 기술자가 돈 많이 번다고 생각해요. 공백을 생각 안하면 그렇게 돼요. 그런데 회사는 공백 없이 월급이 꾸준히 나오잖아요. 출근해서 일만 하면 되니까요. 사람들 생활이 처음에는 모르겠지만 갈수록 벌어져요. 회사에 있는 사람은 집을 산다고 하면 대출도 해주는데, 이쪽은 그런 혜택을 못 받거든요. 저축도 하고 절약도 해야 하는데 그걸 못하니까 힘들어지는 거죠. 돈 없으면 다른 공장으로 가서 선불 받거나 가불하면 되거든요. 양화점을 했던 선배들이 월급제를 했었다면 다른 방향으로 갔을 테지요.

염천교에서 신발 하시던 분들 중에 일본으로 일하러 가신 분들도 많다고 알고 있는데요.

일본으로 일하러 가는 사람들은 제갑하는 사람들이 일본으로 갔죠. 가면은 우리나라에서 있는 것보다 2배는 더 벌었거든요. 그렇지만 거기 간 사람들도 성공해서 온 사람들이 별로 없었어요. 빠찡코랑 노름하고, 다 낭비해 버렸죠. 몇몇은 돈 좀 모아가지고 온 사람들도 있었지만 대부분은 그랬어요. 노력해서 기술을 개발해도 보상이 없으니까 한탕주의로 빠지는 사람들이 많았어요. 공장 주인들이 잘 이끌었어야 했는데 잘 안됐죠.

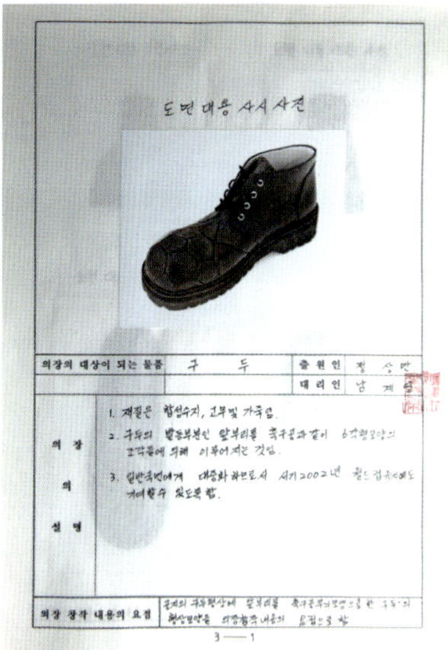

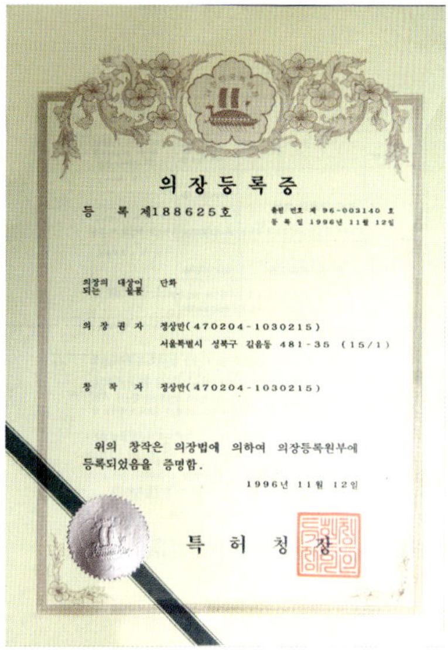

구술자가 제작한 축구공 구두 도면 사진과 의장등록증

2002년 월드컵을 겨냥해서 만든 축구공 구두

월드컵 때 특이한 구두를 만들었다고 들었어요.

2002년 월드컵을 겨냥해서 축구공 신발을 만들었어요. 코 모양을 공같이 만들어서 축구공 만드는 제품하고 똑같이 축구공 꿰매는 기술자들 써서 신발을 만들었어요. 특허도 내놨어요. 그런데 피파에다가 월드컵 마크 달겠다고 얘기를 하니까 몇 천 만원을 달라고 그러더라고요. 그래서 손들고 안 해버렸어요.

신발 샘플은 없나요?

샘플은 갑피도 다 없애버리고 했지만 사진이랑 특허장은 아직도 남아 있어요. 당시에 공차는 걸 사람들이 열광을 하는걸 보니까 생각이 떠오른 거였죠. 그래서 그거 개발하는 데 4년 가까이 노력을 했어요. 그리고 꿰매는

현재에도 작업을 이어가는 구술자

건 대전에 옛날 축구공 만들었던 사장님한테 의뢰했는데 일반 사람들은 수입이 안 맞는다고 해서 청송감호소, 안양교도소 죄수들을 썼어요. 그거 잘 꿰매라고 돼지고기도 먹이고 그랬죠. 어쨌든 살아보니까 사람이 그렇더라고요. 보일러 특허도 내보고, 실용신안도 내보고, 또 이것도 해보고 그랬는데, 돈 이전에 어떤 것을 만들어 보는 것, 이게 성취감을 굉장히 느끼게 해요. 그래서 지금은 야구공을 접목시켜가지고 출원 중에 있어요.

야구공 신발이요?

야구공이에요. 신발은 창작이거든요. 신발은 그냥 만들어진 게 아닙니다. 이거는 신발이라는 게 얼마나 무궁무진하냐면 똑같아 보이지만 여기다가 노란 가죽 하나 붙이면 다른 신발됩니다. 여기다 또 파란 가죽 하나 붙이면 다른 신발 되는 거예요. 미싱을 굵거나 가늘게 박았다고 하면 다른 신발 되는 거예요. 신발이라는 게 세상이 창조된 것만큼 무궁무진합니다. 그래서 이런 걸 만들 때, 그 만들어보는 쾌감이 굉장하거든요. 창조적이면서도 실용적인 거죠.

구두 장인들의 사승 관계

구두 일에서도 사제지간, 기술을 전수한 라인이랄까, 사승 관계 같은 게 끈끈하게 이어지나요? 내 제자다. 내 선생이다. 이런 개념이 있나요?

그런 건 학교 선후배 같은 것과는 차이가 많이 납니다. 그저 저 사람 밑에서 일을 했다 정도예요. 자기보다 못한 사람 밑에 있었다면서 자존심 상한다는 사람도 있을 거고요. 그저 선후배였다는 정도는 인식하지만, 저 사람도 공장을 하고 나도 공장을 하면 경쟁하는 거죠. 선후배나 사제지간 같은 건 그렇게 크지 않아요.

박해권 사장님은 선생님이라고 깍듯이 말씀하시던데요? 박해권 사장님이 선생님을 소개할 때 "저를 가르쳐준 선생님"이라고 그러시던데요. 예외적인 건가요? 그거에 대한 프라이드가 좀 있으신 것 같은데요.

저한테 배운 것도 있고, 같은 고향이고, 친동생처럼 지내고, 그러다보니까 그런 거죠.

네, 장시간 면담해 주셔서 감사합니다.

"저는 깔창에 중점을 뒀어요. 사람들이 저보고 '발바닥 의사'래요"

| 고기황 |

주요약력	1955년 전라북도 장수 출생
	1970년 대전으로 중고등학교 진학. 구두일을 배움
	1976년 서울 상경. 금호동 구두공장 근무
	1982년 염천교 이태리제화 운영

면 담 자	김영미(국민대학교)
면담주제	염천교 구두장인들의 일과 삶
면담일시	2018년 10월 24일
면담장소	염천교 수제화 거리 이태리제화 가게

전국을 누비며 도장을 파서 자수성가한 부친, 농지개혁 때 가졌던 땅을 잃어

2018년 10월 24일 오랫동안 수제화를 만드신 장인 분들을 모시고 그 삶을 조명하는 서울역사편찬원 구술 채록 사업의 일환으로 인터뷰를 하겠습니다. 오늘은 맞춤 공장인 이태리제화를 운영하시는 고기황 선생님을 모시고 말씀 나눠보도록 하겠습니다. 자기소개 부탁드리겠습니다.

고기황이라고 합니다. 1955년에 전라북도 장수군 장계면 송천리에서 태어났어요. 11살 때까지 거기서 살았어요. 평범한 산골마을이었어요. 그곳이 산골 마을이라서 그 시절에는 대전까지 버스로 4시간 반 정도 걸렸어요. 원래 아버님은 굉장한 재력가였어요. 장계면의 전답만 300마지기 정도 됐었어요. 밭이고 산이고 이런 거 다 합치면 엄청났죠. 그런데 이승만 정권 때 토지개혁[01]을 했었어요. 없는 사람은 너무 없고, 많은 사람은 너무 많고, 이래가지고 정부에서 없는 사람들한테 나눠줬어요. 그래서 우리가 농사를 짓지 않고 소작 준 논밭이 다 압수되었죠. 다 뺏겼어요.

마을이 집성촌이었나요?

집성촌은 아닌데 우리 제주 고씨 집안이 6~7가구 정도 살았어요.

그 마을에 언제 오셨다고 그러나요?

글쎄요. 잘 모르겠지만 한 100여 년 전에 오셨다고 알고 있어요.

---

01 농지개혁을 가리킨다. 1949년 6월 21일에 제정, 공포된 〈농지개혁법〉에 의거 1950년에 실시하였다.

아버님은 그렇게 산골마을에서 300마지기를 가지고 계셨다면 상당한 부자이신데 어떻게 재산을 모으셨는지 알고 계신가요?

일제시대 때 재산 등기를 하기 시작했잖아요?[02] 그러니까 이제 도장이 필요했어요. 그때서부터 개인들이 파기 시작했는데, 그 도장 파는 기술을 아버님이 우리나라에서 배우신 거예요. 토지 등기를 할 때 전국을 다 다니면서 도장을 팠어요. 그래가지고 돈을 엄청나게 벌은 거죠.[03] 어릴 때 금강산 어느 절에서 공부를 하는데 원래 솜씨가 좀 있었던 모양이에요. '정부에서 이러저러한 일을 하니 도장이 필요하다.' 어디서 이런 소식을 듣고선 스님들한테 도장을 배웠어요. 옛날에는 그림에 찍는 낙관 정도만 필요했지, 개인들은 도장이라는 게 없었거든요.

일제 때 토지조사사업 시기에 사람들이 도장이 필요했던 거였네요.

북쪽의 평안북도에서부터 제주도까지 군이면 군, 시면 시, 그 시청에 들어가서 파주고, 이렇게 쭉 한군데씩 하면서 내려왔나 봐요. 전국을 한 번에 한 것이 아니고요.

거의 10년에 걸쳐 했어요. 그러니까 아버님 때에 버신 거네요.

할아버지 때 잘살았던 건 아니고 아버지가 일구신 거죠.

그럼 아버님은 평생 도장 하셨어요?

어느 정도 하시고, 그 다음에는 나주의 비료공장에서 보급 일을 했어요.[04]

---

02 일제강점기 시행되었던 토지조사사업을 말한다. 일제는 식민지적 토지소유관계를 공고하게 하게 위하여 1910~1918년 대규모의 토지 조사사업을 시행하였다.

03 일제가 실시했던 토지조사사업 당시의 도장붐은 구술자 부친의 경험 이외에도 은평구에 전해지는 고택골 명당 이야기에서도 일부 확인할 수 있다.

04 나주의 비료공장이 최초로 들어선 것은 1962년 호남비료주식회사가 설립한 나주 비료공장이다.

직매라고 해야 하나? 배급소라고 해야 하나? 공장에서 어느 구역에 어느 한 사람한테 비료를 주면 그 사람이 자기 구역에 배급을 하잖아요. 이런 거를 따내가지고 했어요. 굉장히 인기가 좋았어요. 완전히 사업가였죠.

정말 사업 마인드가 좋으셨네요. 그 나주 비료공장에서 비료배급소 했던 거는 일제시기인가요? 아니면 해방 이후인가요?

글쎄요. 해방 이후로 알고 있어요. 그 다음에 고무신이 처음 나왔을 때 그것도 팔았죠.[05]

그건 대한제국 때 아니였나요?

국민들한테 보급이 다 된 거는 아마 6·25 전후쯤으로 알고 있어요. 그렇게 고무신도 비료처럼 구역으로 나눠서 팔았거든요. 그걸 아버님이 하신 거죠. 비료도 그렇고, 고무신도 그때는 굉장히 인기리에 팔릴 수 있는 물건들이었거든요. 짚신만 신다가 고무신 하나 신으면 1년씩 신고, 짚신은 하나씩 매일 갈아 신어야 되잖아요. 그러니까 얼마나 그게 잘 팔렸겠어요?

선생님은 아버님이 고무신 판매소 하실 때를 기억나세요?

저는 막내라서 기억이 없어요. 7남매 중 막내라서요. 아버님이 살아계셨으면 지금 118살이에요. 원래 금산에서 태어나셨는데 힘들게 살았거든요. 할아버지, 할머니가 자식 공부 시켜야겠다고 금강산으로 보내서 공부시켰는데 돈을 벌었던 거죠. 전국을 다니면서 도장 파면서, 돈을 계속 집으로 보내니까 할머니, 할아버지가 잘 모아서 살 집을 보러 다니다가 송천리라는

---

05 우리나라에 고무신이 들어온 것은 개항기이다. 이미 일제강점기에는 널리 보급되었다.

마을을 알게 돼서 그리고 간 거예요.

농지개혁으로 땅이 몰수될 때 보상금은 얼마나 받았는지 아시나요?

조금은 받았을 거예요. 뺏겼어도 제가 7~8살 때까지는 괜찮았어요. 그런데 점점 힘들어지더라고요. 그래도 형님들은 공부를 다 잘했어요. 큰형님 같은 경우에는 24~25살 정도 차이 나는데 그 시절 고려대학교 영문과를 나왔어요.

선생님은 어디 초등학교를 나오셨나요?

읍에 있었던 장계국민학교였어요. 집에서 15분 정도 걸어 다녔죠. 동네 친구들도 많고, 같은 학교 동창들도 많아요. 지금도 자주 만나요. 서울에 있는 동창도 만나고, 고향에 있는 동창들도 자주 만나거든요.

만들기를 좋아했던 소년, 환등기를 만들어 버려진 필름으로 영화놀이도

어릴 때 있었던 재미난 일들 들려주세요.

제가 만드는 걸 좋아했어요. 어린 시절 극장에 선배님 한 분 계셨어요. 그런데 우리는 가면 돈도 없으니까 기웃기웃하고 있죠. 그 선배랑 친하니까 친구들 몇몇 있으면, "아이쿠, 저놈들 또 영화 보고 싶어 왔구나." 그러면서 살짝 들여보내 주고 그랬어요. 그런데 극장 쓰레기 버리는 데 보면 옛날에는 필름 끊어진 것을 많이 버렸어요. 그러면 제가 환등기를 만들어요. 그리고 그것들을 가지고 환등기에서 비쳐서 보고 놀고 그랬어요.

환등기를 손으로 만들어가지고요? 어떻게 만들었어요?

요만한 박스에다가 렌즈 2개를 조종을 하게 만들어요. 그래가지고 초점이 딱 맞게 해서 쫙 비쳐지게요. 그때 이 안을 후레시로 비추면 희미하게 저쪽에 요만하게 나와요. 그리고 비닐 과자 봉지, 좀 깨끗한 거, 잘라서 거기다 집어넣고 보면 또 이렇게 쫙 펴져서 나와요.

영화 〈시네마천국〉 같았겠네요.

초등학교 때, 과학 시간에는 모터를 만들어요. 저는 간단하게 만들어요. 건전기 연결하면 확 돌아가요. 그런데 웬만한 아이들은 못 만들어요. 반에서 몇 명 안 돼요. 다들 포기하죠. 또 집에 어른들 안 계실 때 벽에 시계며 다 뜯었다가 조립해 놓고, 라디오도 뜯어보고, 고장도 안 난 걸 그랬는데, 그렇게 하고나면 고장이 나요. 시간도 잘 안 맞고 그랬죠.

그러면 초등학교를 졸업하시고 중학교는 어디로 가셨어요?

큰형님이 대전 계셨어요. 그래서 저도 그곳으로 가서 다녔어요. 큰형님이 6·25 직후인지 6·25전쟁 중이었는지 졸업을 하게 되었어요. 영문과 수석으로요. 그런데 이제 강제로 군대를 가게 되었는데, 우리 부모님이랑 할아버지, 할머니가 돈으로 빼냈어요. 그렇게 똑똑하게 잘 가르쳤는데, 전쟁에서 아들 보내서 죽게 생겼으니까요. 그리고 그때는 아직 재산이 있고 뺏기기 전이었거든요. 그래가지고 취직을 못 했어요. 형님도 공부만 잘 했고 똑똑하기만 했지, 고생을 많이 했어요.

대전에서 구두 일을 배우기 시작하다

중학교랑 고등학교를 큰형님 집에서 다니신 거죠?

중학교는 대전 선화중학교, 고등학교도 같은 선화고등학교였어요. 그때 대전에 그래도 형님이 도로변에 조그만 집을 하나 갖고 있었어요. 그런데 세 들은 양반 하나가 거기서 양화점을 했어요. 그분도 아예 남은 아니고 우리 8촌 아저씨뻘 되는 분이었죠. 그분이 거기서 양화점을 하니까 저는 만날 거기로 놀러가고 그 아저씨 심부름도 해주고 그랬죠. 그러가다 배우게 된 거예요. 계속 진학할 그 형편은 안 되고요. 그런 거죠.

일하는 건 재미있어 보이셨나요?

그렇지는 않았지만 하여튼 그때만 해도 구두가 굉장히 수입이 좋았어요. 직업으로서도 괜찮았어요. 지금은 중국이나 이런 데서 저가가 막 들어오니까 힘들어졌는데, 저 배울 때, 또 20년 전까지만 해도 이쪽이 괜찮았어요.

그 양화점에서 어떤 심부름을 시키셨어요?

피혁점, 그러니까 재료 파는 데를 자전거로 갔다 오는 거죠. 가려면 자전거 타고 10분 정도를 가야 돼요. 돈이랑 사야 될 거 다 적어서 줘요. 그럼 가서 사다가 자전거에 싣고 오고 하는 거죠.

가죽을 사가지고 온 건가요?

가죽은 아니고 창 같은 부자재였어요. 가죽 같은 건 정말 기술이 있는 사람이 가서 보고 사야 되거든요. 지금도 그래요. 저도 가죽은 직접 보고 사요. 대전 중동中洞이라고 역 앞에 피혁이랑 부자재 파는 데가 많았어요.

그러면 본격적으로 구두를 배우신 거는 졸업한 다음인가요?

그렇죠.

염천교에서 선생님 연배에 고등학교 나오신 분이 별로 없으신 걸로 알고 있는데요.

아뇨, 많아요.

고등학교 졸업하고 구두를 배울 때 큰형님이 공무원이라든지, 다른 시험을 공부하라고는 얘기 안 했나요?

그때 자기 자신이 공부를 했지만은 사회에서 잘 안 되고, 군대를 안 가서 그럴 수도 있겠지만, 형편도 어렵고, 그러니까 차라리 기술 쪽으로 가는 게 낫지 않겠느냐고, 그런 말씀을 하시더라고요. 자기가 배워 봤자 별 효과를 못 봤잖아요? 그러니까 동생들한테는 그렇게 얘기했죠.

오늘날 '문과 가지 말고 이과 가라' 그런거랑 비슷한 건가요?

그렇죠.

졸업하고 그 양화점에 근무를 하실 때 그분은 처음에는 뭐부터 가르치셨나요?

뭐부터라기보다는 그냥 시키는 대로만 했던 거 같아요. 가게에 아저씨랑 저랑 둘이 있었거든요. 그분 혼자서 다 만들었거든요.

그분이 제갑이랑 저부 작업이랑 다 하신 건가요?

제갑은 따로 해 주는 데가 있었어요. 지금은 공장에서 다 해서 그런 데가 없는데, 그때는 제갑만 해주는 데가 있었거든요. 그분은 저부였어요.

선생님도 그렇게 배우셨겠네요?

그렇죠. 거기서 3~4년 했어요.

월급은 얼마나 받았나요?

그냥 용돈이나 몇 푼 주고 그랬죠. 그 시절엔 다 그랬어요. 그리고 서울로 올라왔죠.

구두를 더 배우기 위해 상경하다

그 사이에 군대는 안 가셨어요?

저는 그때 체중이 안 됐어요. 지금도 말랐지만 그때는 더 말랐어요.

서울은 왜 올라오셨어요?

구두를 더 배우고 싶었어요. 대전에서만 해서는 발전을 못 하겠더라고요. 아무리 지방에서 해도 새로운 모양이나 새로운 걸 자꾸 개발을 해서 따라가야 되잖아요? 그런데 거기 대전에는 새로운 샘플 디자인을 볼 데가 별로 없었어요. 그러니까 1년에 1~2번씩 서울에 올라와서 명동 가서 봤죠. 카메라도 없고, 있어도 찍지도 못하게 하니까, 진열장 앞에서 눈에 담아서 그려가지고 오는 거죠. 그걸 그대로 샘플로 해서 만들고 그랬어요. 그러다 보니 서울로 올라와야겠다는 판단을 한 거였어요.

명동에 왔을 때 구둣집이 많이 있었나요?

많았죠.

그렇게 직접 디자인을 그려서 갑피 하는 집에 가서 보여주면서 이렇게 해 달라고 맡기는 거죠?

그렇죠. 그런데 대전 업자들이 패턴을 내는데 서울에 있는 최고 기술자들에 비하면 모양이 안 나왔어요. 그런 아쉬움 속에서 일을 했거든요.

1970년대 중반 서울 시내 모습

그래서 서울로 올라와야 되겠다는 생각을 한 거죠.

서울에 올라오셨는데 그때 서울에 연고는 없으셨잖아요?

두 살 많은 형님이 한 분 계세요. 그분이 장계 고향을 지키고 계시다가 그때쯤 아버님이 돌아가시니까 서울로 올라온 거죠. 가진 전답도 많지도 않고, 거기서 직장생활 할 수 있는 것도 아니였거든요. 형님이 시골 전답이랑 집이랑 정리하고 서울로 올라온 거죠. 제가 올라온 것도 22살 무렵이니까 1975~1976년 무렵이네요.

대전에서 일할 때 버려진 군화를 재활용했다고 알고 있는데요. 자세히 좀 말씀해 주세요.

군화를 재활용하는 거는 대전만이 아니라 염천교에서도 많이 했어요. 재활용을 하는데, 다른 가죽은 재활용을 안 했고, 그 속에 있는 중창[06]을

---

06 구두의 창을 튼튼하게 하기 위해 겉창 속에 한 겹을 덧붙여 댄 가죽을 말한다.

썼어요. 다 가죽이거든요. 옛날에 국산은 그 정도의 강도가 안 나왔어요. 그런데 미군 중창은 그 강도가 나왔어요. 그래서 그것을 뜯어서 중창을 꺼내서 앞에 들어가는 선심[07] 부분을 칼로 깎아요. 적당한 두께로 깎아서 구두에 넣은 거예요. 우리나라 군화들도 당시에는 미군이 준 신발이었거든요. 제대하면 버리기도 하지만 찢어져서 못 쓰는 것들은 수거해서 가져다가 쓰는 거죠. 이제는 신사화에 이런 거는 너무 두껍고 투박해서 안 쓰지만 옛날에는 썼어요. 천연가죽이고 땀 흡수가 잘 됐거든요. 보조 조수들이 실밥을 뽑아서 분리해 냈죠.

서울의 구두 일자리는 호황, 기술자는 아무데나 갈 수 있었다

처음 서울 오셨을 때 어디에다가 자리를 잡으셨어요?

형님이랑 같이 살았죠. 장위동이었어요. 고향에 있던 거 다 팔고 올라오니까 장위동에다 조그마한 집 하나를 살 수가 있더라고요. 그거 사서 형님이랑 어머니랑 셋이서 올라온 거죠. 형님이 아직 결혼하기 전이었어요.

일자리는 어떻게 찾으셨어요?

그 시절 구두 기술을 가진 사람들은 그냥 아무 데나 가서 말만 하면 얼마든지 갈 수 있었어요. 제가 가고 싶은 데로 갔죠. 거기서 주인이나 윗사람 마음에 들게 일을 하느냐 못 하느냐가 문제지, 어디를 가도 일자리야 얼마든지 있었어요.

---

07 구두의 앞부분 형태를 유지하기 위해 넣는 딱딱한 부속 자재를 말한다.

효율적인 창 작업을 위한 기술 개발

어디로 가셨어요?

금호동에 있는 공장으로 갔어요. 사장이 금강제화에서 하시다가 저처럼 이렇게 자기 사업을 시작하신 분이었거든요. 그런데 당시에는 큰 밑창을 신발에다 붙여놓고 칼로 다 깎아내는 방식이었어요. 능률이 안 올랐죠. 그런데 공장 옆이 또 금강공장이었어요. 그래서 가서 보니까 프레스로 철형을 만들어서 고무를 쾅 찍어가지고 창을 인제 만드는 거예요. 골을 싸서 만든 상태에서 창만 갖다 딱 붙이더라고요. 금강이나 에스콰이어 같은 메이커 공장에서는 그렇게 했어요.

중창까지는 다 만들고 밑창을 따로 붙인다는 거군요. 기밀을 보신 거네요.

맞아요. 창 가공하는 기술을 배워야겠다고 생각했죠. 그런데 제가 거기서 배운 것도 아니고, 누구한테 교육을 받은 것도 아니고, 나름 연구해서 만든 다음에 영등포 OB맥주 앞의 신길동에다가 가공 공장을 시작했죠. 제 기술을 믿고 한 분이 공장을 돌릴 수 있게 자금을 대 줬거든요. 창 가공하는 공장을 차린 거죠.

대단하시네요. 그럼 거래처가 여러 군데 있었겠네요?

많았어요. 40~50군데 정도 되었어요.

성공하신 거네요.

그렇지는 않았어요. 거래처도 많고 좋았는데, 제가 사업하기에는 너무 이른 나이였어요. 사업 운영도 좀 잘 못했고요. 그러다 보니까 창 가공하는 경쟁자가 몇 군데가 생겼어요. 그러니까 좀 힘들어지더라고요. 거기에다가 잘려나가는 부분이 너무 많았어요. 버리는 부분이 많았던 거죠. 그래서 그 공장은 접었죠. 그래서 두 번째 할 때는 절약할 수 있게 뒷부분만 가공해서 팔았어요. 재료 절약이 굉장히 되거든요. 뒷부분은 어느 디자인이나 비슷하거든요.

구두 뒤꿈치 부분이요?

뒤쪽만 가공하는 거죠. 앞에는 살려놓고요. 뒤에만 가공을 해서 주면 앞은 창이 얇기 때문에 별로 힘이 안 들어가고 작업이 빨라요. 뒤에는 굽을 붙여야 되니까 그 높은 굽을 칼로 다 깎아서 하려니까 힘이 들어요. 그걸 해소하려고 뒤에만 가공하는 방법을 개발을 한 거죠. 특허출원도 했어요. 공장도 영등포 OB맥주 앞에서 성수동으로 옮겨가지고 거기서 뒷가공만 전적으로 한 거예요. 그런데 그때 당시 마산에 한국고무라는 회사가 있었어요. 그때 제가 무슨 돈이 있겠어요? 그런데 그 회사 사장님이 공장을 할 수 있도록 기계와 뒷자금을 대 줬어요. 그게 전국으로 엄청나게 많이 팔려나갔어요. 창이 하루에 한 3,000~4,000족씩 팔려나갔어요. 엄청 쉬워지거든요. 전국의 골목골목 양화점들한테 공급을 한 거죠. 공장 직원도 17~18명, 20명 정도 됐어요.

아이디어가 히트 친 거네요.

그렇죠. 그걸로 3년 정도 했을 거예요. 히트도 치고 보급도 많이 되었어요. 그런데 그 마산의 한국고무가 적자가 나버렸어요.

선생님 상품이 많이 나갔는데 그 회사가 적자가 난 거예요?

그 회사가 구두 고무창만 찍은 게 아니고 런닝화다 뭐다 이런 운동화 종류, 또 다른 완제품도 해서 회사가 좀 규모가 컸었어요. 그러다 보니까 그런 사업들 자체가 뭐 좀 잘못됐는지 적자를 계속 본 것 같아요. 그래서 그 사장이 그때 돈으로 5억 정도를 은행에 융자를 받아가지고 외국으로

도망을 가버렸어요. 그래서 저까지 망해버렸어요.

힘들었겠네요.

어쨌든 고무를 찍어서 주면은 성수동으로 와가지고 뒷부분을 가공해가지고 나갔는데 이제는 공급이 안 되는 거죠. 다행히 5억 대출이 저랑은 상관없었는데, 금형이랑 기계가 모두 거기 마산 공장쪽 재료에 맞춰져 만들어서 다 쓸모없게 되어버렸죠. 그때는 철공소에서 기계 제작해서 다 깎아서 만들었어요. 프레스 같이 제품화된 게 아니었거든요. 엄청 비쌌어요. 어쨌든 그렇게 창을 접고 다시 완제품 구두 원래대로 돌아와요. 이 자리에 와서 그때서부터 완제품 구두를 한 거예요. 27~28살 때였어요.

반가공 제품을 받아쓰던 구둣집들은 아쉬웠겠네요.

좀 아쉬워했는데, 제가 접자마자 다른 고무공장들이 금형 내고 또 공급은 하더라고요. 특허 낸 것도 1~2년 지나니까 안 되더라고요. 법원에서 안 받아줬어요. 딴 업체들이 막 다 한 거죠. 이제 저는 돈이 없어서 못했지만 다른 사람들이 땅 짚고 헤엄치기로 그 뒷가공을 해서 다 먹은 거죠.

20대 후반에 들어온 염천교, 경기가 좋았던 그때 그 시절

염천교로 오신 이유가 있었나요?

염천교가 그때는 아주 경기가 좋았어요. 전국 골목골목에 양화점들이 있었잖아요? 원래는 자기 가게에서 연세 드신 분들이 다 만들었어요. 그러다가 한 분, 두 분 연세 드시고 힘 떨어지고, 아니면 돌아가시고, 배우려는 사람은 없고, 이러다 보니까 수요는 있는데 만들지를 못해요. 그러니까 염천교에서 도매상을 하고 반기계화식으로 해서 대량으로 만들어요. 전국에다가 물건을 팔았죠.

다른 양화점 주인들이 장인에서 상인으로 바뀐 거네요.

그렇죠. 염천교에서 도매상들이 하루에 많이 파는 집들은 막 몇 천 족씩 팔고 그랬었어요.

염천교가 그렇게 장사가 잘 된다면 여기에 가게 구하기가 힘들었을 텐데 어떻게 구하셨어요?

제가 자양동, 그러니까 뚝섬에서 뒷가공을 할 때, 저랑 같은 계통의 친한 선배가 한 분 계셨어요. 저는 뚝섬서 공장을 하지만 이쪽도 잘 나가니까 매일 이 동네도 출근하다시피 놀러왔죠. 수금이든지 해야 되니까요. 그런데 그때 여기 공장 자리가 잠깐 비었어요. 그래서 선배한테 "이 공장을 해보시오."라고 했죠. 저도 없는 돈에 몇 푼 보탰고요. 그런데 그 선배는 기술이 없었어요. 그래서 기술이 있는 사람이랑 같이 동업을 했는데, 그 사람이 사정이 생겨서 같이 못하게 됐어요. 그러니까 형님이 공장을 갑자기 못 하게 되는 거예요. 저도 그때 뚝섬 공장이 부도가 되고, 그래서 이렇게 여기로 오게 된 거였죠.

그때 당시 여기 월세가 비싸지 않았어요?

지금처럼 그렇게 비싸진 않아요. 물론 그때 당시로는 비쌌죠.

결혼은 언제 하셨어요?

우리 식구가 같은 고향 사람이에요. 같은 고향, 같은 동창, 어려서부터 같은 반으로 공부하기도 하고요. 하여튼 동창이니까 어려서부터 잘 알죠. 서울로 오면서 이 사람을 우연치 않게 만났어요. 그때서부터 어떻게 알게

1980년대 중반 서울역 주변 전경

돼가지고 결혼까지 간 거죠.

부인께서는 결혼 전에 서울에서 어떤 일을 하고 계셨어요?

옛날에 저기 명동에 코스모스 백화점이라고 있었어요. 지금은 없어졌지만요. 거기 백화점에서 일을 했어요.

염천교에서 연구한 등산화로 승부를 보다

염천교에 오셨을 때 사업 아이디어가 있었나요?

처음에는 도매를 하러 오는 거래처들이 다 염천교로 왔어요. 많이 팔리고 하니까요. 평범한 대중화로 사업을 했죠. 그런데 보니까 등산화가 있어요. 처음에는 안 났어요. 왜냐하면 사람들이 운동화를 선호했죠. 등산화는 이쁘지도 않고요. 별 인기가 없었어요. 그런데 20여 년 전부터 전문 산악인이니 이런 사람들이 운동화 가지고는 안 되니까 이런 걸 신기 시작했어요. 전문 산악인들이 그렇게 하다가 보니까 조금씩 인기가 좋아지게 됐어요. 저도 여기 와서 10여 년 후부터 만들기 시작했어요. 등산인들이 점점 늘어나더라고요. 일반인들도 등산을 가는 거예요. 소비자가 하나씩 하나씩 늘어나는 게 보이더라고요. 그제야 느꼈어요. 그러니까 신사화나 이런 걸 백날 해봐야 경쟁자가 항상 옆에 있고, 여러 사람이 물건을 만들다 보니까 가격이라든가 모양이라든가 모든 게 앞서가야 해요. 그게 보통 골치 아프고 어려운 일이 아니에요. 물론 등산화도 신사화처럼 개발을 해야 돼요. 신사화를 하면서 노후에도 할 수 있는 걸 찾은 거죠.

등산화를 처음 만들어보신 거죠?

아뇨, 옛날에 대전 양화점에서 일 할 때 거기도 등산화를 했어요.

수제 등산화가 많이 비싼 걸로 알고 있는 데요. 요즘은 수제 등산화 수요가 얼마나 되나요?

그렇게 비싸지는 않아요. 일반 신발보다 조금 더 비싼 정도예요. 수요는 한 달에 3~4켤레 정도 들어오는 거 같아요.

그때는 산악하는 사람들이 특별한 사람들이었죠?

산행하는 사람들이 좀 특별한 사람들이었어요. 일반인들이 산에 가는 거는 그냥 캠핑으로 대학생들 몇 명이 기타치고 야외에 전축 들고 놀러다니는 거였죠.

제작 중인 수제 등산화

옛날 등산화랑 요즘 등산화랑 많이 다르나요?

요즘 나오는 등산화들 뜯어보면 굉장히 편하게 속 처리를 잘했어요. 옛날 대전에서 등산화 할 때는 신사화처럼 그냥 만들었죠. 그런데 요즘은 속 처리를 굉장히 잘했어요. 방수도 해야 되고, 속에 스펀지도 넣어야 되고, 웰트, 그러니까 대다리 공법도 해야 되고, 발목도 안 아프게 해야 하는데, 옛날에는 그런게 없었어요. 그냥 워카walker처럼 조금 목만 높게 해가지고 만들었단 말이에요. 그렇게 해서 만들다 보니까 소비자가 불편을 느꼈던 거죠. 저도 다 뜯어보고 연구해서 기성 등산화처럼 신기 편하게 연구해서 만드는 거죠. 그렇게 신기 편하게 잘 만드니까 한 사람이 한 사람 데리고 오고, 또 주변 사람들이 주변 사람들 자꾸 데리고 오고 그런 거죠.

등산화는 한번 만들면 사람들이 얼마만큼 신나요?

보통 10~20년 신어요. 그런데 다 떨어져서 오는 게 아니고, 막 헐고 하니까, 보기가 싫으니까 오기도 하고, 또 주변 사람들 데리고 소개를 시켜서 오기도 하고 그렇죠. 수선 창이나 굽을 갈아야 되니까요.

장인 정신, 손님의 발만 생각한다. 나는야 '발바닥 의사'

선생님만이 갖고 계시는 노하우 같은 거 있으면 말씀해주세요.

저는 신발도 신발이지만 깔창에 중점을 뒀어요. 큰 업체들도 저처럼은 못 만들어요. 우선 만들 때 손님의 발을 여기에 찍고 석고를 부어요. 석고를 떼서 나오면 거기에 발 주름살 하나까지도 다 찍혀서 나와요. 정확하고 편안한 거죠. 그 다음에는 코르크 접착제로 반죽을 해서 꽉 찍어요. 그럼 발바닥이 그대로 복사가 돼요. 그러면은 체중이 실렸을 때 발바닥 전체가 받쳐주니까 힘이 전체로 분산이 돼요. 하루 종일, 며칠씩 걸어도 그냥 깔창에 비해 피로가 훨씬 덜해요. 힘을 다 분산을 시켜주니까요. 나만의 깔창이지요. 제 신발을 신어 본 사람들은 그 입에서 입으로 선전을 해요. 그렇게 해서 지금 해 먹고 있는 거죠.

등산화만 이렇게 하는 건가요?

신사화도 이렇게 해 달라는 사람들이 많아요. 이거 값이 좀 꽤 나가거든요.

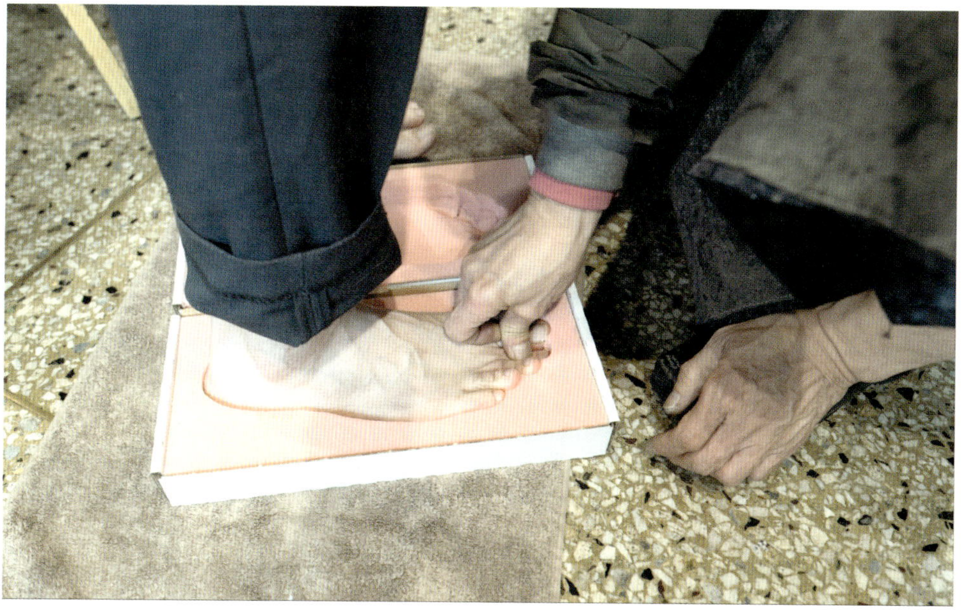

매장에서 직접 발틀을 만드는 모습

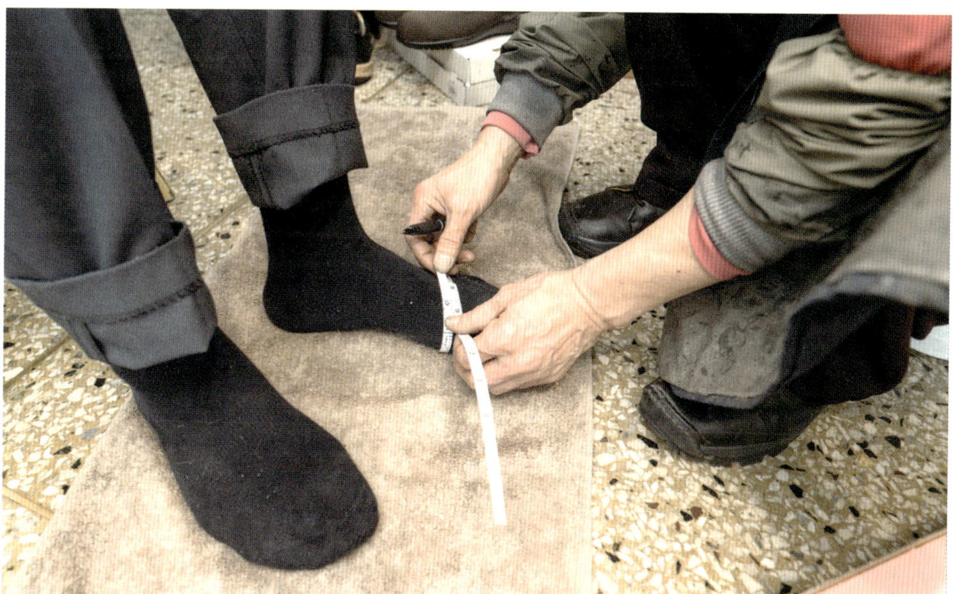

발 치수를 재는 모습

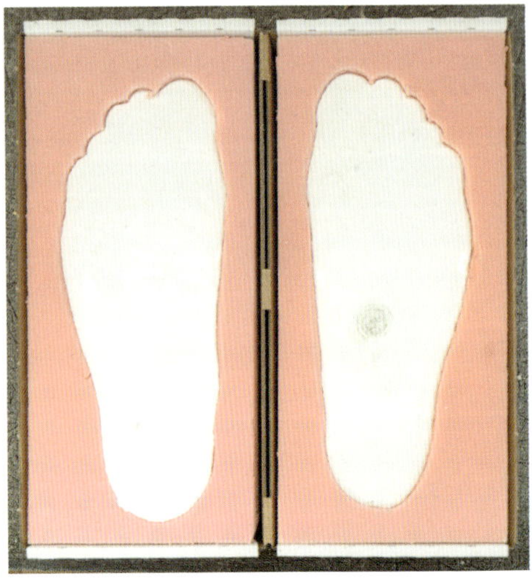

발틀에 석고를 부워 만드는 모습

얼마에요?

깔창만 제가 10만 원을 받아요.

구두에도 이런 깔창을 까는 건가요?

구두에도 깔아 달라고 하죠. 발바닥에 그 통증이 많은 사람들이 많아요. 무지외반증, 족저근막염병, 지간신경통 이런 환자들이 엄청나게 많아요. 옛날에 우리 어른들이 치아가 좋은 사람이 오복 중의 하나라고 그러잖아요? 발바닥은 더해요. 발바닥 아픈 사람들은 외출도 못 해요. 옷도 못 입어요. 왜냐하면 신발을 못 신으니까요. 말도 못 하게 고생을 해요. 발바닥 아픈 사람들은 이 깔창으로 제가 그걸 최대한 해결해 드리는 거죠. 예를 들면 여기에 지간신경통이 있는 분들이 많아요. 여기에 무지외반증, 그러니까 엄지발가락 뼈가 튀어 나와 있는 분들이 오래 그걸 치료를 안 하고 방치하고 대부분 살아요. 그런 분들은 선천적인 사람들도 있지만, 특히 굽을 높이 신은 여자분 중에 이런 환자가 굉장히 많아요. 남자들도 마찬가지고요. 그런데 여기가 말도 못 하게 아프거든요. 나중에는 걸음도 못 걸을 정도로 아파요. 그래서 깔창을 만들 때, 딱 그 부분에 폭을 파줘요. 이렇게 공간을 만들어 준다는 말이에요. 마찰이 덜 되게요. 그러면 여기가 보호가 돼서 덜 아파요. 그래서 등산화 해 간 사람들이 나중에는 장애가 있는 사람을 모시고 와요. 그러다보니까 제가 전문이 됐어요. 그 사람들이 저보고 '발바닥 의사'래요.

제화 기술은 평생 배워도 부족하다. 장인 정신이 필요한 길

'발바닥 의사'라는 자부심이 생기시겠네요. 기술 전승이 잘 되면 좋을 거 같은데, 만약 구두 만드는 기술이 끊기면 어떤 문제가 있을 것 같나요?

등산화야 뭐 기성 등산화라도 사 신으면 되는데, 장애가 있으신 분들은 문제가 많이 생겨요. 발바닥이 아파서 외출을 못 하고, 옷을 못 입고, 그냥 두문불출을 하고 이러고 세상을 살고 앉았는데 그런 양반들은 어떻게 할 거냐 이 말이에요. 또 소아마비 환자들도 있죠. 이게 누구 개인이 이걸 해결할 수가 없거든요. 정부에서도 이런 기술을 양성할 수 있는 뭔가를 해야 돼요. 배울 수 있는 사람이 생겨야 돼요. 기초적인 것만도 3~4년이 걸리잖아요. 평생 배워야 하고 계속 연구해야 되는 일이에요. 그런데 지금 이 상태로는 배울 사람이 없어요. 새로 하는 사람 입장에서는 직업 보장도 힘들고, 수입이 적거든요. 배우러 온 사람들 몇 명이 있었어요. 그렇지만 저도 누가 배우러 온다고 해도 그 사람 인생을 망칠까봐 제가 가르칠 수가 없어요. 그러니까 이런 걸 국가에서 뭔가 보조를 해주고 기술을 사양시키지 않는 그런 게 필요해요. 그 사람을 도와주는 차원에서가 아니라, 몸이 불편한 분들한테 생기는 문제를 어떻게 해결할 건가를 생각하는 차원에서 말이죠.

수제 깔창

협동조합을 만드신다고 알고 있어요. 이유를 듣고 싶어요.

이유야 굉장히 많죠. 우선은 후대를 양성해야 하니까요. 문제는 협동조합을 해도 배우는 사람들한테 경제적인 걸 해결시켜 줄 수 있어야 하는데 그냥은 안 된다는 게 숙제에요. 반기계화 된 거 말고 기본적인 수제화 기술을 배우는 데도 3~4년 걸리잖아요. 일정한 수준에 이르러야 해요. 그리고 기성화로는 안 돼요. 중국에서 엄청나게 싸게 들어오는 걸 우리가 따라갈 수가 없어요. 백날 해 봐야 타산도 안 맞아요. 맞춰 신지 않으면 안 되는 사람들 것을 해야 돼요.

신발의 전체를 만들 수 있으면 그런 수제화 수요는 있을 수밖에 없다는 말이네요.

그렇죠. 그런 수요는 많아요. 무궁무진해요. 대기업 형태로는 안 되거든요. 자기 작업장에서 정말 진심으로, 예술 하듯이, 의사가 진단하고 치료하듯이, 그렇게 해야 돼요.

네, 장시간 면담해주셔서 감사합니다.

“염천교는 엄청나게 바빴어요.
밤 새다시피 했죠”

| 권혁남 |

주요약력	1962년 강원도 동해 묵호읍 출생 1979년 매형이 운영하는 영등포 계명양화점에서 구두일을 시작 1989년 염천교에서 갑피 공장 운영 2002년 염천교 오쏘코리아 운영

면 담 자	김영미(국민대학교)
면담주제	염천교 구두장인들의 일과 삶
면담일시	2018년 10월 26일
면담장소	염천교 수제화 거리 오쏘코리아 가게

어린 시절과 매형 가게에서 배웠던 이야기

오늘은 2018년 10월 26일이고 서울역사편찬원의 구술채록사업을 진행하고 있습니다. 이번에는 염천교에서 오랫동안 수제화를 만들고 계신 오쏘코리아의 권혁남 선생님을 모셨습니다. 안녕하세요. 자기소개 부탁드립니다.

저는 권혁남이라고 합니다. 1962년생이고, 강원도 묵호읍 발한동發翰洞이라는 조그마한 바닷가 마을에서 3남 1녀의 막내로 태어났어요. 지금은 동해시 묵호읍 사문동이에요. 바다가 저 앞에 보이고, 망상 해수욕장이 있었어요. 바로 뒤에는 산이고 바로 앞에는 논이었어요. 저희 집이 어렸을 때는 조금 부유했어요. 제가 중학교 다닐 때 형님들은 대학에 다니고 있었거든요. 그런데 저는 공부를 좀 싫어했고 만드는 걸 좋아했어요. 형들 공부할 때 뭘 만드는 걸 좋아했어요. 창고에서 아버지가 쓰는 톱이나 망치를 몰래 가져다 나무 썰고 만들고 그랬어요. 아버지는 부지런하셔서 묵호에서 조그마한 상회를 했어요. 쌀도 조금씩 팔고, 콩이나 팥도 팔고 그랬어요. 상인이었죠. 어릴 때 제가 막내라 저녁에 퇴근할 때 쯤 가면 과자 같은 것도 사주고 그랬죠. 쌀 검사할 때 쓰는 대꼬챙이 있죠? 대나무로 만든 거요. 그거 가지고 막 쑤셔서 쌀이 나오나 뭐가 나오나 하고 놀고 그랬어요.

어린 시절의 성장과정은 어땠나요?

형님이 서울에 먼저 올라와서 서대문 쪽에 살았어요. 그 다음에 누님이 또 서울에 올라왔어요. 그 다음에 형님이 결혼하고 누님도 서울에서 결혼을 했어요. 그때가 중학교 시절이었는데, 형님이 서울에 있으니까 자주 왔어요. 방학 때 되면 조카들도 보고 싶고, 서울 와서 조카들을 데리고 시골로 내려갔죠. 할아버지 할머니가 계시니까요. 그러면 애들이 거기서 한 달 내내 놀다 오고 그랬어요. 그런데 누님이 영등포에서 양화점을 했어요. 계명양화점이라고 있었어요. 당산동에서 양화점을 크게 했는데, 구두가 조금씩 보였던 거예요. 누님이 양화점을 안 했으면 염천교 구두거리가 안 보였을 텐데, 누님이 양화점을 하니까 염천교의 구두거리가 보였어요. 한번은 염천교에 왔는데 시골에는 외국 분들이 없잖아요. 그런데 염천교에 갔는데 흑인이 한 분 지나가는 거예요. 정말 신기하더라고요. 눈만 이렇게 반짝반짝하고, 신기해서 내가 따라 가봤잖아요. 거기가 염천교였어요. 인연이었나 봐요.

학창시절에 기억에 남는 일화가 있나요?

중학교 때 서울을 오면 형은 용돈을 많이 안 줬는데, 매형은 양화점을 하면서 돈을 많이 버니까 용돈을 많이 줬어요. 그때 일 하던 형님들이 지금도 여기에 살아 있어요. 날 가르쳐준 선배도 있어요. 그때는 아저씨들이죠. 이렇게 구두 만들고 가죽 많은데, 시골은 가죽이 귀했어요. 시계 차고 다녔는데 시곗줄도 만들어 보고 그랬어요. 만드는 게 좋더라고요. 매형 가게 왔다갔다 하면서 코에 서울 바람이 들은 거죠. 서울 바람이 들어서 고등학교를 가기 싫더라고요. 시골에 있어봤자 대학 못 가면 거기 나와서 할 일이 없을 것 같더라고요. 서울로 올라오고 싶었어요. 그래서 고등학교 시험 칠 때 안 간다고 엄마 아버지한테 우겼어요, 그래갖고 혼도 많이 났지만 제가 이겼어요. 부모가 못 이기더라고요.

그런데 고등학교를 안 다닌다고 하니까 친구들이 좀 멀리하더라고요. 그전까지는 우리집에서 많이 자고 많이 놀러 다니고 했는데, 친구들하고 놀기를 좋아했어요. 그러니까 좀 배신감이 느껴지더라고요. 그래서 아예 서울에서 고등학교를 다녔어요. 오히려 부모님이 좋아했어요. 물론 공부는 안 했고요. 절반은 매형네 가게 가서 일 도와주고 심부름도 해주고 그랬죠. 양평동에 있었는데 실업계 학교였어요. 그러다가 정말 고등학교를 졸업하니까 매형이 물어보더라고. 정말 구두를 할 거냐고 말이죠. 지금 생각하면 아버지랑 다 조절을 한 거 같아요. 아버지도 저를 놔두면 다른 것도 못

구두 골이라고 불리우는 라스트

배울 거 같고, 손재주는 어릴 때부터 있었으니까요. 매형보고 일을 가르치라고요. 나중에 알고 보니까 그렇게 했더라고요.

구두일을 시작한 과정에 숨은 사연이 있었군요.

구두 만들 때 원래 분야가 있어요. 재단하고 미싱을 하는 쪽을 갑피라고 하고, 바닥을 저부라 그래요. 매형은 원래 저부를 하시는 분이에요. 그러니까 처음에는 선배들 따라서 바닥쪽을 도왔는데, 나보고 갑피를 하라고 했어요. 매형이랑 나랑 하면 구두 한 켤레를 만들 수 있게 말이죠. 또 손님들 오면 세일즈sales도 하고, 바닥 기술자가 속을 썩이면 땜빵도 하면서, 이러다가 신발을 다 만들게 된 거예요. 매형네 가게에 있으면서 유일하게 갑피도 배우고 바닥도 배운 거죠. 저는 여화女靴도 할 줄 알고 남화男靴도 할 줄 알아요.

오래 전문으로 한 거는 갑피였어요. 이게 장단점이 있어요. 신발 만드는 걸 누가 보여 달라 하면은 전 과정을 보여줄 순 있어요. 그런데 업으로 하기는 힘들어요. 왜냐하면 갑피 작업 때는 의자가 높아요. 그런데 바닥은 의자가 낮아요. 허리가 아파요. 제가 3년을 딱 하니까 깨달았어요. 그래서 시연회 같은 데는 저부부터 바닥까지 다 보여주는데, 전문으로 하는 일은 갑피든 바닥이든 한 가지로만 해야 되더라고요. 그 많은 작업을 다 하면 몸에 무리가 오더라고요. 그래서 저도 업으로는 갑피만 해요.

자기 전문 분야가 나뉘어져 있네요.

예, 맞아요. 제가 1979년도부터 배웠어요. 그때에는 창을 만들 때에는 넓은 창을 칼로 다 오려서 만들었어요. 안에 있는 중창도 다 이렇게 라스트, 그러니까 골에다가 대서 만들었어요. 그런데 지금은 이 골, 그러니까 라스트를 갖다 주면 중창도 프레스로 찍어주고 창도 찍어줘요. 지금은 조립만 하면 돼요. 붙이기만 하면 되는 거죠. 그때하고 많이 틀리죠. 그때 당시는 바닥을 하루에 5개에서 한 6개 잡으면 하루 종일 일감이었어요. 지금은 하루에 한 사람이 30개는 할 수 있어요. 인력이 줄어든 대신에 기계화가 많이 된 거죠. 많이 변화가 된 거예요.

매형이 하시던 양화점에서 어느 정도 일하셨어요?

매형 가게에서 1979년도부터 군대 가기 전까지 있었어요. 거기에서 갑피를 주로 하고, 젊으니까 세일즈도 많이 했어요. 점원이죠. 신발 잘 만든다는 게, 남의 공장에서만 하면 사람들 발 형태 같은 건 잘 모르고 일만 할 수 있어요. 그런데 손님을 받아서 직접 발을 그려서 신발을 제작하다 보니까 기술이 어릴 때부터 좀 탁월해진 거 같아요. 지금도 양화점에서 발을 재서 만약에 자기들이 못 만들면 우리한테 의뢰를 해요. 저는 옛날부터 발을 그려서 신발을 만들었으니까 잘 만들거든요.

공장에서 생산할 수 없고 손으로 반드시 만들어야 되는 신발들이 있겠네요?

많지요. 사이즈가 다르면 프레스로 못 찍거든요. 손으로 재단하면 가능

하지만요. 쇠틀로 안하고 손으로 오려서 해야 돼요. 지금은 기술자가 적고 그러니까 안 해 줄려고 하거든요. 그리고 다른 일을 못하니까 일당 챙기기가 힘들어요.

공인중개사 시험 도전과 1970~1980년대의 염천교 호황

군대는 몇 년도에 가셨어요?

몇 년도인지는 잘 모르겠어요. 제대를 1986년도에 했으니까 1983년도쯤이네요. 매형 가게에서 4년 정도 일한 거네요. 그런데 제가 군대 간 사이에 매형이 가게 문을 닫고 영등포에서 독산동쪽에 건물을 좋은 거 하나 샀어요. 그래가지고 처남 제대할 때까지 기다린다고 놀았어요. 그렇게 쉬고 있다가 다시 독산동 쪽에서 가게를 시작했어요. 거기서 3년 했는데, 영등포보다는 장사가 안 됐어요. 그래서 제가 염천교로 나온 거예요. 그게 1989년이었어요.

매형은 그 건물을 팔고 옆에서 부동산을 했어요. 지금도 하고 있어요. 누님하고 같이요. 제가 염천교 오기 전에 매형이 양화점을 하면서 부동산도 했거든요. 한 가게는 부동산, 한 가게는 양화점. 그때는 공인중개사가 아니고 부동산 영업소 자격증만 있으면 됐어요. 제가 구두를 하는데 글씨도 좀 잘 써요. 군대에서 차트 글씨도 많이 썼거든요. 그래서 부동산 계약서를 제가 다 썼어요.

그때 매형이 "구두가 돈을 못 벌으니까, 부동산을 배워라."라고 그랬어요. 그래서 1986년도에 제대하고 1987년도부터 공인중개사 (자격증) 따라고 해서 노량진 학원을 다니면서 공인중개사 4회 때 시험을 한 번 봤어요. 그런데 나이도 어리지, 공인중개사 자격증 있는 사람도 별로 없었어요. 그때는 나이 먹은 사람들이 부동산 할 때라고 생각했어요. 그런데 저한테는

제작 중인 갑피

너무 안 맞는 거예요. 구두는 그 어떤 창조적인 것이라도 있는데, 부동산 학원을 다녀도 머리에 들어오지도 않고, 책도 민법, 공법, 세법 이런 거 배우고, 학원가서도 맨날 놀았어요. '이거 따서 뭐 하려고.', 그랬죠. 매형은 잔뜩 기대하고 있고, 공인중개사 간판 걸고 하려고 그랬거든요. 그거 땄으면 저는 지금 구두 못 했을 수도 있어요.

매형이랑도 구두 할 때는 사이가 되게 좋았는데, 부동산은 조금이라도 이론적으로 배워야 하는 거고, 남의 재산이잖아요? 매형은 그냥 계속 하는데 저는 좀 잘 안 맞더라고요. 너무 어리고 어른들 세계를 잘 모르고, 정해진 대로 하려니까 잘 안 맞았어요. 그래서 매형은 부동산 하고, 저는 1989년에 염천교로 와서 갑피공장을 한 거예요.

혹시 1989년도에 염천교로 왔을 때, 당시부터 구두가 안 팔렸나요?

그렇지는 않아요. 매형이랑 할 때, 그러니까 1978~1979년에 일반 양화점들은 가게 뒤에서 수제화를 다 만들고 있었어요. 매형 같은 기술자들 2명~5명, 가게가 만약에 10개가 있다고 치면 8군데서는 다 만들었어요. 그런데 기술자들 받는 수입이 적고 잘 안 되고 그러니까 자꾸 공장으로 옮겨가기 시작한 거예요. 염천교, 이런 수제화 공장에서 일을 하면 양화점에서 하는 거보다 일도 쉽고, 또 많이 만드니까 돈도 많이 벌 수 있었거든요. 이래서 양화점에서 일 할 수 있는 사람들이 적어진 거였어요. 돈이 안 벌리니까요.

그래서 양화점도 직접 가죽을 사고, 모든 라스트 사고, 재료 사는 걸 다양하게 못 하니까, 염천교 신발 떼다가 팔기 시작한 거예요. 반대로 염천교는 일이 많아진 거였죠. 엄청나게 바빴어요. 거의 맨날 밤 새다시피 했죠. 이제 양화점에서는 자기들이 만드는 걸 다 줄이고 염천교에서 물건을 떼어다 팔기 시작한 거죠.

그게 몇 년도 무렵이었나요?

염천교 일이 1970년대 후반, 1980년대 초반부터 되게 많았어요. 지방에서 새벽 기차 타고 오면 가게 문 열 때까지 앞에서 기다렸다가 물건을 서로 가져갔어요. 지금은 그렇게 안 해요. 지금은 돈만 갖고 오면 물건 막 떼어가거든요. 그때는 좋은 물건 가져가려고 줄 서 있었어요. 선배들은 돈 무지 벌고, 일도 이렇게 다양하거나 어렵지도 않았어요. 쉬웠어요. 멋있는 디자인 할 시간이 없었어요. 디자인이 단순해도 잘 팔렸어요. 그러다가 언제부터 우리나라 수제화가 점점 중국에 밀리기 시작했어요. 연도는 모르겠는데, 제가 염천교로 올 무렵부터 중국에 신발을 수출했어요.

중국 수출과 염천교에서의 일화

중국에 신발을 수출하기 시작할 때가 1989년도 무렵이었나요?

연도는 정확히 모르겠지만 그 무렵이었어요. 어떤 거를 제일 많이 수출을 했냐하면, 빨간 신발, 자주색 꽃 신발, 에나멜 신발을 많이 했어요. 워낙 많이 팔리니까 염천교에 나올 신발들을 못 만들었죠. 그거 해서 물건 대느라고 과로로 돌아가신 분들도 많았어요. 그러다가 중국에서 신발이 잘 팔리니까 한국 기술자들이 중국으로 조금씩 가기 시작했던 거예요. 그렇게 기술을 가르쳐 준 거죠.

또 신발만 수출하다가 이제는 가죽이나 부속들, 다음에는 한국에서 잘 안 쓰는 미싱들도 자꾸 넘어가기 시작해요. 한국에서 안 쓰던 재고 가죽, 미싱, 스키기계,[01] 다 넘어가기 시작했어요. 한때는 스키기계나 너무 오래된 가죽도 없어서 못 팔았어요. 그러다가 어느 날부터 중국에 공장이 차려지면서, 한국 사람이 중국 사람들 일 시키면서 이제는 반대로 중국 신발이 한국으로 넘어오기 시작한 거죠. 싼 인건비를 가지고 만들어 오니까 반의 반 값도 안돼요.

1989년도에 염천교에 공장을 열었을 때 직원은 몇 명이나 있었나요?

직원이 총각들 넷, 선생님이 한 분이었어요.

직원과 선생님의 업무 차이는 뭐예요?

선생이 패턴을 떠서 재단만 해주고, 은펜으로 그려주면 직원들은 오려가지고 갑피를 하는 거죠. 그분들은 패턴을 못 떠요. 미싱만 하는 거죠. 어느

01 스카이빙 기계(Skiving Machine)를 말한다. 가죽의 옆면을 깎거나 쪼개는 장치이다. 피할기(皮割機)라고도 한다.

1980년대 서울역 주변 모습(좌측 끝부분이 염천교 일대이다)

공장이나 패턴 뜨는 분들은 거의가 한 분밖에 없어요, 패턴은 어떤 분이 뜨냐면 갑피를 할 수 있는 과정을 다 거친 사람들이에요. 물론 남의 공장에서 일만 하던 분들은 능력이 없어서가 아니에요. 패턴 떠 볼 시간이 없이 일만 하다가 세월을 보내다 보니까 패턴을 못 뜨는 거예요. 저 같은 경우는 매형 가게에서 일찍부터 패턴을 뜬 거예요. 그래서 제가 젊었을 때는 그 나이에 패턴을 뜬다고 하면 안 믿었었어요.

지금 구두일 하시는 분들 다 나이가 많으신거 같아요.

많죠. 80대도 계세요. 제가 구두일한 지는 39~40년 됐는데 염천교에서는 젊은 편이에요. 기술자로서 제 밑으로는 없어요.

장인의 철학과 '오쏘코리아'라는 이름의 연원

1989년도에 염천교로 오셨는데요. 지금 현재 가게 자리로는 언제 오신건가요?

1989년도부터 해서 1992년도에 결혼했어요. 제 철학이 뭐냐면은 '제 나이에 맞게 살자.'예요. 너무 어린 나이에 가게나 도매상을 하면, 그때는 카드도 없으니까 현찰을 많이 만지거든요. 그러다가 경마하는 사람들이 많죠. 저는 해본 적도 없고 안 하는데, (다른 사람들은) 심심풀이로 포커도 하고, 그러다가 가게를 가끔씩 날리는 사람들이 있었어요. 그래서 제가 너무 어릴 때, 20대 후반이나 30대 초반에 (가게를) 하면 아마 저도 그러지 않겠나 싶었어요. 나이가 찰 때까지 기다린 거죠. 그래서 공장만 계속 하다가 2002년도에 '코리아' 가게를 한 거예요. (공장에) 계속 있으면서 갑피도 계속 했고요. 이제 결혼해서 애들 놓고 사는데, 애들이 초등학교 들어가니까 염천교가 헐린단 말이 나와요. 신문에도 나고, 헐려서 뭐가 들어온다고 그러더라고요. 가만 생각하니까 염천교에서 떠나도 먹고는 살겠지만, 이게 헐리면 당장 또 가게를 내야 될 걱정이 생기더라고요.

그래서 길 건너에 가게 하나를 더 얻었어요. 길 건너 코너에 '오쏘'라고 비어있는 가게가 하나 있었어요. 우리 애들이 초등학교 지나서 중학교 막 넘어갈 때였어요. 그거 차릴 때가요. 고등학교면 애들도 가르쳐야 되니까, 가게를 먼저 하나 얻어 놨죠. 지금 이거 헐린다고 그래갖고요. 그때 거기는 주인이 2년이면 바껴요. 터가 세서 바뀌는 자리였어요. 사람들은 저 가게만 가면 망한다고 그랬는데 그 자리에 제가 수리를 해서 갔어요. 그래서 제가 가서 8년을 했어요. 잘 했는데 이제는 여기가 안 헐리는 거예요. 2개를 벌려 놓으니까 너무 힘든 거예요. 공장 관리도 안 되고, 우리 집사람이 혼자 여기서 도맡아 하고, 저는 저기서 하고요. 왔다갔다 계속 하고 그랬어요. 거기를 그만 둔 시 2년 6개월, 아마 3년이 안 됐어요. 그때까지 가게를 2개 했어요. 저기가 '오쏘' 가게였고 여기가 '코리아' 가게였어요. 그래서 합해서 '오쏘코리아'가 된 거예요.

가게 이름을 왜 '오쏘'라고 지으신 거예요?

'오쏘'라는 게, 남대문에도 가면 '오쏘'가 있고, 동대문에도 '오쏘'가 있었어요. "같은 공장에서 같이 일을 해서 우리끼리 그냥 공유하면서 우리끼리 팔아보자." 이래가지고 만들어진 거예요. 그래서 '오쏘'를 따라서들

같이 쓴 거죠. 여기 '코리아'도 제가 인수하기 전에는 '에이스'였어요. 그 다음에는 '우연'이라고 있었어요. 그래서 보니까 가게 이름들이 '잉글랜드'도 있고, '이태리'도 있잖아요. 그런데 '코리아'는 없었어요. 그래서 제가 차린 게 '코리아'예요. '코리아'로 지금까지 했죠. 아직까지 이 동네에서는 괜찮아요.

지금 염천교가 많이 쇠락했다고 하는데요. 언제부터였나요?

제가 이 동네 상우회[02]를 자주 나가서 항상 얘기해요. 여기 수제화 거리에서 중국 거를 팔거나, 동대문 기성화를 팔면 안 된다고요. 그런데 개중에는 파는 분들이 한두 명 있어요. 중국 거를 팔거나 동대문 기성화를 팔면 손님들이 얼마나 기분이 나쁘겠어요? "손님들이 안 올 거 아니냐."고요. 그 소리를 제가 수없이 했어요. 처음에는 몇 푼 남겠지만 또 오겠어요? 좋은 가죽으로 신발을 잘 만들어서 저렴하게 팔고, 신어보고 정말 좋다 해서 또 찾아오죠. 그래야 염천교가 발전이 있거든요. 바가지 씌워갖고 안 오는 사람들도 있어요. 소리가 다 들리거든요. 염천교가 살려면 브랜드는 없을지라도 최소한 염천교에서 신발을 너무 많은 이익을 남기지 말고, 저렴하면서도 어떤 메이커들보다 훨씬 좋아야 된다. 두 번째는 기성화는 특수 신발이나 변형된 신발을 못 해주는데, 염천교 수제화가 그런 거를 해주면 망할 일이 없어요. 절대 안 망합니다.

그 대신에 요새는 홈쇼핑이나 수입 신발이 많아서 그거 신을 분들이 따로 있고, 염천교 수제화 신는 분이 따로 있어요. 20대 분들은 싸구려라도 인터넷이나 홈쇼핑 신발을 잘 사서 신어요. 염천교 수제화 신는 분들은 보통 30대 후반서부터면 일찍이고, 40대나 50대, 60대까지도 신을 수 있어요. 그런데 또 70이 넘으면 중국 신발들 중에 그냥 편한 신발을 신어요.

---

02 2014년 12월 염천교 수제화거리 특화개발을 위해 만든 염천교 상우회를 말한다.

구술자가 스케치한 구두 디자인들

구두 기술 전수 방식

구두를 처음 배웠을 당시 어떤 방식으로 기술을 배우셨나요?

구두 패턴을 뜨는 사람을 예전에는 패턴사라고 안 하고 옛날 말로 교장님이라고 했어요. 요새는 실장님이라 해야 돼요. 그 다음에 미싱을 하고 일을 할 수 있는 사람을 선생이라 그래요. 그 밑에 보조를 견습이라 그래요. 견습 중에서도 제일 밑에 풀칠하고 못만 빼는 걸 하견습이라고 하고, 그래도 골에다가 붙일 수 있는 사람이 중견습이고, 선생 일을 거의 다 할 줄 알고 선생이 없으면서도 할 수 있는 게 상견습이에요. 그래서 선생이 구두 한 켤레 만들어서 만약 7,000원을 받으면, 선생이 4,000원 먹고, 3,000원 갖다가 상견습이 2000원 먹고, 다음에 중견습이 1,000원 먹고, 하견습은 그냥 밥이나 사주면 얻어먹는 거였어요.

저 같은 경우에는 우리 매형이 가게 선생한테 기술을 빨리 배우라고 했어요. 돈을 10원도 못 받고 6개월 동안 일만 했어요. 얘는 돈 안 줘도 되니 일만 빨리 가르치라고 했었죠. 그래서 일을 무지하게 빨리 배웠어요. 그런데 이게 가르친다고만 되는 게 아니고, 자꾸 해봐야 되거든요. 미싱도 박아봐야 되고, 자꾸 접해야 돼요. 그런데 그때 당시는 일을 배우려면 3~4년씩 걸렸어요. 왜 그러냐면 가죽이 비싸니까 일할 기회를 별로 안 줬어요. 저 같은 경우는 매형 가게니까 부지런하고 깨어만 있으면 일을 제 맘대로 할 수 있었거든요. 그래서 제가 남보다 일을 빨리 배웠어요. 그리고 또 잘 만들고, 만드는 걸 좋아 했고, 지금도 만드는 거 좋아해요. 그래서 남들 3~4년 걸릴 걸 몇 개월 만에 흉내를 내면서 기술을 자꾸 습득해가고 터득했어요. 그래서 빨리 배운 거였죠.

구두 만드는 분들끼리 만든 조직은 없었나요?

조직을 만들라고 노력을 많이 했어요. 영업 쪽으로도 여화 잘 만드는 사람 공장, 아화兒靴 잘 만드는 사람 공장, 남화 잘 만드는 사람 공장들을 합쳐서 브랜드 하나를 만든 적도 있어요. 잠깐 해 봤는데, 여화는 철이 되면 무지 잘 팔려요. 남화도 그럭저럭 팔리고요. 그런데 아화가 안 팔려요. 아화 파는 공장이 열 받는 거죠. 화가 나잖아요. 그래서 "같이 협조 못 해주겠다." 뭐 그런 식이었죠. 일들이 바빠서인지 단합이 잘 안 되는 거 같아요.

도급제의 문제

다른 산업도 그렇기는 하지만, 구두쪽도 언제부턴가 젊은 기술자들이 나오지 않는 거 같아요.

그건 저도 좀 한 번 얘기하고 싶었어요. 지금 젊은 분들은 다 대학을 나왔어요. 이걸 처음부터 배울 수가 없어요. 대학 나와서 누가 배울라 그러겠어요? 또 부모가 봐도, 자식이 대학 나와서 누가 가르치려고 하겠어요? 물론 자기가 좋아하는 사람은 가르쳐야 되고, 자기가 좋아하는 걸 해야 되거든요. 중학교를 나오든, 고등학교를 나오든 말이에요. 공고 같은 경우도 전기과, 기계과 대신 가죽 공예 같은 신발, 지갑, 벨트, 이런 과가 있어도 애들 보고서 무조건 이거 하라 그러면 안 할 거예요. 수입도 보장을 해주고 이래야 기술자들도 배출을 할 수가 있거든요. 이거는 우리나라의 어떤 기술자들도 다 마찬가지일 거예요. 수입이 많으면 수제화 하는 데에 엄청 몰릴거에요. 그러니까 첫째, 수입이 안 되고, 배가 고프니까 배우려고 하지를 않는 거에요. 어디 가서 알바하는 게 낫지. 그렇다고 100을 버는데 150을 주면서 후배를 가르치고 키울 수도 없잖아요.

수입을 어떻게 보장할 수 있을까요?

어느 정도까지는 생활 보장을 해줘야 되겠죠. 그리고 도급제가 문제에요. 도급제를 하면 30년 만든 사람은 계속해서 도급제를 했으니까 금방 만들겠지만 처음에 하는 사람은 그렇게 못 하잖아요. 도급제로는 수입이 안 되는 거죠. 도급제를 없애고 월급제로 하면 잘 만드는 사람도 체력을 아껴서 30개 만들 수 있는 능력이 되지만 좀 더 잘 만들어서 15개만 만들어서 월급 주고, 젊은이들은 30개 만들 능력은 안 되지만 최선을 다해서 만들면 그 수입을 보장을 해주면 돼요. 도급제가 안 좋아요. 신발도 잘못 만들 수도 있지만 수입에서 차이가 나거든요. 예를 들어 A, B, C 선생이 있으면 나는 30개를 만들고 다른 선생이 20개를 만들면 나중에 수입 차이가 많이 나요. 그러면 20개 만드는 사람은 그 공장을 떠나게 돼요. 그러니까 그 체제가 저는 잘못 됐다고 봐요. 도급제를 없애야 한다고 봐요. 그런데 이게 없애기가 쉽지가 않아요. 우리나라 현실에 또 퇴직금 문제도 많이 걸려있고, 이래갖고 문제가 많기 때문에 공장이 힘들거든요. 그 사람들이 퇴직금으로 물고 늘어지면 사람을 쓸 수가 없거든요. 기술자를 많이 확보할 수도 없어요.

한국 기술자들의 일본 진출 일화

당시 기술자들이 중국이나 일본으로 많이 건너갔다고 들었어요.

우리 기술자가 일본에 많이 갔어요. 중국으로도 가고요. 일본을 안 간 사람이 유일하게 저밖에 없어요. 친구고 선배고 다들 갔어요. 신발 기술자가 없어가지고 한국 사람들이 다 간거죠. 불법 체류로 간 거였어요. 한국 기술자 중에서 우리 또래 절반이 갔거든요. 그런데 다들 멍들어갖고 왔어요.

멍이요?

처음에 가면 비싸서 목욕하러도 못 가요. 그러다가 1년 사니까 똑같거든요. 돈을 더 많이 벌어서 더 쓰는 거죠. 막 쓰는 거죠. 그리고 불법 체류자라 숨도 못 쉬고 일만 하다가 쫓겨 온 사람들도 많아요. 게다가 일본 사람들이 나쁜 게 뭐냐면, 일본은 일이 무지 까다로워요. 우리처럼 하면 다 퇴짜예요. 한국식으로는 웬만한 기술 약한 사람들이 버티지를 못 했어요. 대신에 거기에서 나올 때 제일 중요한 망치나 가위, 일본에 있는 좋은 연장, 그런 거 갖고 온 사람들이 되게 많았어요. 우리나라에서 만약에 한 달에 300만 원 벌면 거기는 500만~600만 원 번다고 했거든요. 그러니 안 갈 사람 누가 있겠어요? 다들 갔다 왔어요. 저는 왜 못 갔냐면 제 영업을 했기 때문에 못 간 거였거든요. 저도 남의 집에 있었으면 갔을 거에요.

일본에서는 굉장히 까다롭게 요구했나봐요.

예, 까다로워요. 굉장히 까다로와요.

일본은 도급제가 아닌가요?

거기도 도급제예요. 도급제인데 한국처럼 만들지 않아요. 소비자를 무지 많이 생각하는 거죠. 사실 일본이 잘못된 것은 아니에요. 그게 맞는 거죠. 우리나라 기술자들은 수십 년 동안 그렇게 배워서 일을 못 하는 거였죠. 섬세한 차이에 많이들 애먹었어요. 게다가 물가도 비싸고 돈 벌어도 다 쓰고, 또 가정이 떨어져 있으니까 가정생활도 잘 안되는 사람들이 많았어요. 많이 실패했어요. 일본에 간 사람들은 몇 명 야물게 챙겨온 사람들도 있겠지만 대부분이 실패했어요.

중국으로의 기술 이전 문제

일본 바람 다음이 중국 바람이었나요?

거의 비슷했어요. 제 기억으로는 중국이 조금 더 먼저였던 것 같아요.

중국 진출을 안 하셨다고 알고 있는데요.

한국에서도 바쁜데 중국까지 가서 할 입장이 아니었어요. 또 중국 가기 전에 이미 혼자 일찍 영업을 하다보니까 어디 잘 홀가분하게 갈 수가 없었어요. 남의 공장에 있었으면 갔겠죠. 제 영업을 하고 있다 보니까 일본도 안 가봤고, 중국도 안 가봤어요.

다른 분들 인터뷰 하다보니까 중국이 처음에는 한국 물건을 사다 쓰다가, 지금은 중국 물건이 한국으로 들어오는 데 너무 쉽게 기술 이전을 해줬다고 하더라고요.

엄청나게 해줬죠. 제가 알기로 지퍼zipper 머리, 슬라이드 같은 경우는 어디 한 부분, 제일 중요한 거는 일본 기술자들이 안 가르쳐 줬대요. 그래서 우리가 슬라이드를 만들면 자꾸 벌어져요. 그런데 우리나라 사람들은 자기 혼자 잘 보이기 위해서 모든 기술을 중국 사람한테 빨리빨리 보여줬어요. 빨리 보여주는 사람이 빨리 한국으로 쫓겨 온 거였죠. 결론이 그래요. 우리나라 사람들 자기만 살기 위해서 너무 많이 빨리 가르쳐줬어요. 결국은 중국에서 모든 공장 시스템 다 만들어 놓고 핑계를 잡아가지고 비자나 어디가 뭐 잘못 됐다고 해서 한국 사람을 다 방출시켜버려요. 그래갖고 쫓겨 온 사람들이 많고, 또 조그만 죄를 크게 만들어서 경찰을 출동시켜서 잡아가고, 뭐 말도 안 되는 거 뒤집어 씌우고 그랬어요. 그래서 우리나라가 지금도 중국한테는 손해를 많이 보고 있어요.

작업 중인 구술자

도급제로 인한 장인들의 건강 문제

구두하시는 분들이 가지고 있는 직업병 같은 게 있나요?

직업병이 많죠. 이게 가장 슬픈 얘기네요. 구두는 도급제라 밥 먹고 돌아서면 일해요. 빨리 끝내야 돼요. 화장실을 갔다 오면 10분 못 만들어요. 무조건 화장실 갔다 와서 일을 끝내야지만 집에 갈 수 있는 거죠. 막차가 갈 때까지 손도 못 닦아요. 버스에서 막 지우는 거죠. 그래서 병에 걸려요. 원래는 12시부터 1시까지 쉬고 밥도 먹고, 커피도 마시고 좀 자야 돼요. 그런데 도급제는 빨리 끝내야 되니까 보통 분들이 10분 밥을 먹으면, 그분들은 3~4분이면 다 밥을 먹어요. 그러고 앉아서 또 다시 일을 해요. 그리고 일 하는데 자세도 안 좋으니까 몸에 최고로 안 좋은 거예요.

그리고 옛날에는 한 달치 돈이 아니고 보름마다 줘요. 일주일 내내 일했으니까 한잔 먹잖아요. 긴장도 풀리고 좋죠. 그러면 월요일날 힘들어서 못 나오는 사람들이 허다해요. 못 나와도 할 말이 없어요. 왜 그러냐하면 도급제니까요. 그러니까 몸이 퍼져 버리는 거죠. 요새도 70~80대 분들이 일은 해요. 오랫동안 일을 해 왔고, 아파도 조금씩 참고, 집에 있으면 더 아프니까 공장에 나와서 신발 5~6개라도 만들면 용돈도 생기니까요. 그렇게 일하면 안 아픈데, 휴가 때 3~4일 쉬고 명절 때 3~4일 지낼 동안 그 정신력이 풀어져서 못 일어나는 사람들 되게 많아요. 그래서 70~80대 분들이 명절 끝나고 못 나와요. 전화해보면 아파서 병원에 갔대요. 또 그분들은 오래 앓지도 않아요. 너무 누적이 돼서 앓는 것도 잠깐 앓고 돌아가세요.

거래하는 양화점 사장이 하나 있었어요. 그분은 자기 영업을 하니까 점심 먹고 한 시간씩 꼭 잤어요. 그래서 건강했어요. 제가 갑피 해주면 1~2개 만드는 흉내만 내고 손님한테는 수제화 만든다고 해요. 그런데 집주인이 건물을 헐고 신축을 하게 된 거예요. 건물 다 지으면 들어오라고 해서 나갔어요. 양화점을 접어놓고 물건 다 싸놓고 노는데, 심심하니까 공장에서 일을 했어요. 몇 개월 동안 일을 했는데, 도급제로 매일하는 사람들은 막 하루에 30개씩 빼는데 자기는 양화점에서 1~2개씩 두들기니까 30개는 커녕 10개도 못 따라가는 거죠. 도급제는 사람들이 다 자동이거든요. 근데 자기는 옛날 수제화처럼 못 5개 박을 거 10개 다 박고 잘 만들려고 하다 보니까 개수를 못 해요. 돈을 못 버는 거죠. 그러다 보면 사람인지라 자꾸 다른 사람들을 따라가게 되어 있어요. 자기도 못 2개 덜 박고, 개수를 채우니까 몸에 무리가 오죠. 과부하가 걸린 거였죠. 그러니까 결국 양화점도 못 하고, 건물 다 지었는데 아파갖고 일 못하게 되어 버렸어요. 도급제가 그 정도로 나빠요. 실제 몸도 다 버리고요.

도급제라는 게 잘 만들던지 못 만들던지 상관없나요?

예, 맞아요. 그래서 요즘 성수동이나 염천교는 A선생이 하면 그 갑피 뒤에다가 A선생이라고 써 넣어요. B선생이 했으면 B선생이라고 써요. C선생 꺼는 C선생. 그래서 그런 품질 문제가 좀 많이 잡아졌어요. 일종의

책임제 같은 거죠.

특별히 건강관리를 하시는 건 있으시나요?

저는 많이 하죠. 담배 안 피우지, 술 안 먹지, 일요일마다 축구하지, 수영하지, 색소폰 불지. 엊그저께 우리 아들 철인3종경기 나간 거 보고 자극 받아가지고 다음에는 저도 나가보려고요. 그리고 좋은 구두를 만들기 위해서는 아까도 얘기했지만, 토요일날 술 많이 먹고 월요일날 일 하려면 잘 안 돼요. 그래서 저는 구두도 건강한 사람이 잘 만든다는 걸 알고 있어요. 저도 배낚시를 자주 가는데, 갔다 오면 3~4일 동안은 손님이 막 스트레스를 줘도 조용히 지나가는데, 스트레스가 쌓였을 때 손님이 막 시비 걸면 "아이 그냥 놔두고 가셔요. 안 팔아요." 이렇게 나와요. 진짜예요. 스트레스를 안 풀면 안 돼요. 그래서 저는 스트레스 푸는 거를 낚시나 축구를 해서 많이 풀어요. 우리는 어떻게 보면 프로잖아요. 좋은 디자인을 생각하려면, 몸이 아픈데 좋은 디자인이 절대 안 나오거든요. 그래서 머리가 아픈 적이 별로 없어요. 올해도 공 차다가 많이 다쳤거든요. 수없이 다쳤어요. 그런데 무릎 아프고 이런 거는 아무 소리 안 하는데, 머리가 아프면 빨리 조치를 해요. 안 그러면 모든 게 다 흐려지거든요. 구두 기술자도 아프면 일을 안 시켜야 돼요. 틀림없이 불량이 나와요. 건강이 최고예요. 그래야 좋은 신발을 만들 수가 있이요.

가죽공예를 접한 중학생들의 긍정적 변화

중학교 학생들에게 가죽공예를 가르치고 있다고 들었습니다. 학생들의 반응이 어떤가요?

애들이라서 그런지 처음에는 그냥 놀러온다는 식이거나 학교 선생이 시켜서 오고 억지로 따라왔었어요. 그래서 저는 애들한테 직접 지갑 만드는 거 해보라고 칼이나 가위질, 쉬운 거는 가위로 자르고 다칠 수 있는 건 직접 제가 해주고 그랬어요. 그렇게 해줬더니 애들이 잘 하든지 못 하든지 자기도 해보니까 재밌대요. 그랬더니 옆에 애들은 "선생님, 나도 가위질 좀 하게 해주세요." 또 옆에 애는 망치질 하니까, "아 나는 왜 망치질 안 시켜요." 이랬어요. 해보고 싶은 거죠. 그걸 꼭 직업으로 하는 애들은 없겠지만, 그래도 자기가 했다는 생각에 지갑도 아껴 쓸 거 아니에요. 그리고 애들 수준에 맞게 칭찬 많이 해주면 말도 잘 들어요. "야, 너 잘 한다. 이거 타고난 거 아니야?" 막 이런 식으로요.

학생들이 능동적으로 하네요.

오히려 수동적으로 하는 게 어렵죠. 제일 잘하는 애한테는 마지막 날 미싱도 타게 해줘요. 진짜로 한 번 해보고 싶다면 미싱을 해요. 애들이 삐뚤게 박아도 해요. 엄청 재미있어 해요. 나중에는 학교 선생들도, 학생들이 하는 게 재밌어 보이는지 "나도 좀 해보면 안돼요?" 하더라고요. 선생님도 하고 싶어 하는데, 애들은 얼마나 좋아하겠어요? 교육 차원에서 잘 된 거라고 봐요. 저는 재능기부만 하고 재료비만 받는 거지만, 앞으로 우리나라에 이런 제도가 많았으면 해요. 괜찮을 거 같아요.

네. 좋은 말씀 감사합니다.

“염천교는 합성피혁이 거의 다 지배를 했어요”

| 김영배 |

주요약력	1949년 충청남도 부여 출생
	1966년 서울 상경. 이태원에서 구두일 시작
	1980년 서울 명동의 제화점 랑콤에서 근무.
	1985년 염천교에서 구두공장 운영. ‘만만이 부츠’, ‘멍청이 샌달’ 등 히트상품 출시

면 담 자	김영미(국민대학교)
면담주제	염천교 구두장인들의 일과 삶
면담일시	2018년 10월 26일
면담장소	중림동 COFFEE SONATA

기술 배우려고 17살에 무작정 상경하다

이 사업은 서울역사편찬원에서 추진하는 서울역사구술채록사업의 일환입니다. 이번 시간에는 염천교 수제화 장인들의 삶에 대한 내용입니다. 구술해 주실 분은 염천교에서 제일제화 공장을 운영하고 계시는 김영배 선생님을 모시고 말씀을 들어보도록 하겠습니다. 안녕하세요. 선생님. 고향이 어디신가요?

김영배라고 합니다. 충청남도 부여군 외산면外山面 장항리獐項里에서 1949년에 태어났어요. 그리고 근처의 만수리萬壽里에서 자랐지요. 제가 김해김씨인데 어렸을 적에는 마을 자체에 종중회가 있었어요. 마을에 집안 어른들이 많았지요. 먼 친척들이니까 항렬로, 그러니까 이름자에 영자면 영자, 종자면 종자, 이렇게 들어가잖아요. 그걸로 항렬을 따져서 부르고 다녔어요. 그리고 부모님은 제가 어렸을 때 돌아가셨어요. 아버지는 7살 때, 어머니는 9살 때 돌아가셨죠. 부모님에 대한 기억은 별로 없어요. 그분들이 일제강점기 때 구봉광산에 일을 하셨는데 폐결핵에 걸렸다고 그랬어요. 거기 구봉산九峯山[01]에 금광이 있었는데 그 때문에 폐가 덜 좋아졌다고 했어요.

광산으로 징용을 당하신 건가요?

돈 받으면서 다녔으니까 징용은 아니었던 거 같아요. 그리고 아버지 같은 경우에는 일본의 화태樺太[02], 홋카이도, 거기 탄광에서도 일을 했어요. 아버지가 1917년생이신데, 1달이면 일본돈 100원씩 보내줬어요. 우리 형제가 일곱 식구였으니까 그걸로 다 먹고살고 그랬지요. 제가 끝에서 두 번째에요.

---

01 충청남도 청양군의 화성면과 남양면의 경계에 위치한 고도 457m의 산이다.
02 사할린을 말한다. 가라후토라고도 한다. 일제강점기에 한국인들이 징용을 당한 대표적인 곳이기도 하다. 1945년 제2차 세계대전 종전 이후 소련의 영토가 되었다.

아버님이 일찍 돌아가시고 그랬으면 집이 좀 힘드셨겠네요?

힘들었죠. 그 당시만 해도 농토가 많은 집 말고는 한 2/3는 하루 세 끼 다 먹고 사는 집이 별로 없었어요. 하루에 두끼 먹는다든지 그렇게 살았죠.

그러면 구두를 배우시게 된 거는 어떤 계기였었나요?

그 당시에는 무조건 상경을 해야 돼요. 제가 부여에서 초등학교는 외산초등학교, 중학교는 백제중학교를 나왔어요. 그런데 학교도 시원찮고 그랬어요. 예를 들어서 중학교 하숙비를 내려면 보리쌀 짊어지고 한 30~40리 걸어다녀야 했을 때였으니까요. 그렇게 어려운 시절을 살았죠. 그 당시는 서울에 오면 배울 수 있는 기술이 손가락에 꼽았어요. 남자들은 구두, 이발, 양복 그리고 철공소, 이게 거진 다라고 봐도 과언이 아니었어요. 그렇다고 월급을 받고 다니느냐? 먹여주면 황송했어요. 시골에는 아무것도 할 게 없으니까 제가 17살 때 올라왔는데요. 시골에서는 농사나 조금 하고, 산에 가서 나무 하고, 집안일하고 그랬거든요. 제가 친구들 중에는 서울에 제일 먼저 올라갔어요. 그때 누님하고 형님이 서울에 살고 있었어요.

부여는 서울에서 그렇게 멀지 않잖아요?

그때 교통수단으로 네 시간에서 다섯 시간 걸렸어요.

그럼 1965년경에 서울에 오셨겠네요?

1962년인가? 5·16 직후였던가? 확실하게 잘 기억이 안 나네요. 일단 17살에 올라왔어요. 제가 1949년생이니까 1966년일 수도 있겠네요. 그때가 처음 서울에 올라온 거였어요. 그리고 그 당시만 해도 구두공장이 별로 없었어요. 양화점 주인들도 기술자니까 그 밑에 들어가서 배우던 시절이었어요.

1960년대 서울 풍경

이태원 누님 옆집의 소개로 구두일을 시작하다

여러 가지 일 중에서 구두를 선택하게 된 배경은 어떤 건가요?

제가 처음 올라와서 이태원 225번지라고 남산순환도로 바로 거기서 한 100미터 정도 떨어진 근방 누님네 집에서 살았어요. 그런데 옆에 구두 일을 하는 사람이 있어가지고 저를 소개시켜 준 거예요. 하여튼 뭐든 해야 했으니까요. 조그만 양화점이었어요. 물론 작은 곳도 전부 자체 제작을 했어요. 경리단 쪽이었던거 같아요.

어떤 일부터 하셨나요?

가면 기술적인 일은 아무것도 안 시켜요. 대신 못을 많이 쓰잖아요? 그것부터 펴는 거죠. 구부러진 못 재활용하려고, 그렇게 보고 있다가 이제 제가 할 만한 걸 차츰 배워가는 거예요. 월급도 없었어요. 처음에는 심부름만 했어요. 우리 기술계통에는 처음에 들어가서 한 6개월, 1년까지를 하견습이라고 그래요. 그리고 1년 넘고 3년 정도 되는 사람들은 밑에서 일을 잘하니까 상견습이라고 그래요. 보통 그렇게 견습을 두 사람씩 데리고 선생이 작업을 하는 거예요. 하견습은 대부분 6개월 정도해요.

기술을 배우려면 이리저리 옮겨 다녀야

그러면 본격적으로 기술을 배우기 시작한 것은 언제부터였나요?

기술이라는 게 한 군데 있으면 배우질 못해요. 계속 돌아다녀야 하거든요. 그래서 무교동, 종로, 명동 이런 데는 그래도 고급 기술로 알아주던 곳이어서 그쪽 선생 밑으로 가서 배우기 시작했죠. 시작은 변두리에서 하더라도 그런 데를 가야 고급을 배울 수가 있었어요. 이태원 떠나서 간 곳이 무교동 같네요. 그 당시에는 종로랑 비슷했어요. 서울 사람들이 종로나 무교동 쪽에 많이 모일 때였기도 했고요.

무교동 주변에 양화점이 많이 있었나요?

제 기억으로는 무교동에 3곳, 종로 쪽에 5곳 정도 있었던 거 같아요.

그럼 거기서는 돈을 받고 일을 하신 거네요?

그렇지요. 견습공임을 받는 거예요. 예를 들어서 켤레당 3,000원을 받으면 경리, 견습공임은 800~1,000원 정도를 떼어줘요. 그렇게 시작을 하는 거죠.

1970년대 무교로 일대

지방 양화점으로 초빙, 최고 기술자로 대접받다

공장이나 가게를 옮겨갈수록 받는 돈이 많아지는 건가요?

예, 맞아요. 어떤 기술이든지 필요에 의해서 스카우트를 하기 때문에 올라가게 돼 있어요. 그렇게 열심히 3년에서 5년 정도 해서 독립할 수 있는 정도가 되면 선생이라고 불러요. 저도 한 3년 조금 넘게 걸린 것 같아요. 그리고 제가 좀 어설플 적에 지방으로 많이 돌아다녔어요. 경주 양화점에 간 적이 있거든요. 그래도 그쪽으로 가면 서울 기술이라고 알려줬어요. 지방에서 사람을 구하러 올라와요. 그리고 지방으로 갈려면 선금이라는 걸 줬어요. 그 당시에 돈 100만 원 정도였죠. 제가 1972년도에 거기를 간 거 같네요. 그 다음에 다시 서울로 오니까 이번에는 울산 사람이 서울로 쫓아와서 또 내려가자고 그랬죠. 연장 보따리 들고 버스 타고 올라오는데 말이죠. 그래서 좀 쉬었다가 거기로 갔죠. 그리고 객지 생활 하면 돈은 많이 버는데 모아지지가 않아요.

그럼 경주랑 울산에서 얼마나 계셨어요?

경주에서는 2년, 울산에서도 2년 정도. 다 합쳐서 1977년도 지나서 다시 올라온 것 같네요. 당시 서울 기술자 내려오면 대접을 잘 받았어요. 그리고 그때 지방 양화점들이 진짜 돈을 엄청 벌었어요. 웬만한 양화점에서 20~30켤레 주문을 받았죠. 경주에 갔더니 경주 기술자들이 시내에서 돈을 최고로 많이 번다고 그랬어요. 대신 혼자 객지생활을 하다 보니까 돈이 안 돼요. 결혼하기 전이니까 다 써버리죠.

경주에 가셔서 그렇게 돈을 많이 버셨어요?

그랬지요. 제가 지방 생활 정리하고 명동에 와서 한 달에 버는 게 1982년도 정도였는데 한 80~150만 원 사이를 벌었거든요. 그 당시에는 공무원들도 한 달에 70~80만 원밖에 안 할 적이에요.

서울에서 받은 거하고 경주에서 받은 거하고 비교하면 경주에서 더 많이 받으셨어요?

그런데 거기는 전부 다 손으로 하기 때문에 양이 좀 그렇게 많지를 않았어요. 우리는 그때나 지금까지도 자기 하는 대로 돈을 받아요.

서울에서는 좀 더 기계화가 되어 있었나요?

기계화라기보다는 그냥 손으로 할 거를 모터로 한다든가, 그런 수준이에요. 경주에 처음 갈 적에는 전부 손으로 하다시피 했었어요.

기술을 가르쳐준 스승

구두일을 가르쳐 준 분에 대해 혹시 기억나는 분이 있으세요?

그 양반이 지금 살아 계신가 모르겠네요. 이태원 경리단 앞에서 양화점 할 적에 제가 그 집을 다녔는데, 수원 사람 심용섭 씨라고요. 그 집을 우리 집처럼 살았어요. 거기서 먹고 자고 했죠. 일하는 방법을 요렇게 하는 거라고 조목조목 가르쳐 주셨어요. 그 집에 딸들도 둘이나 있었는데, 지금은 어디서 만나도 모를 거예요.

그분이 있었던 작업장은 어디였나요?

이태원의 가게 뒤에서 일하는 거죠. 2년 정도 있었던 거 같아요. 요즘 말로는 그냥 오래되어가지고 묵묵하게 사람 좋고 그런 것만 기억나긴 하는데, 일을 제대로 가르쳐 주려고 많이 노력하신 분으로 기억해요. 보통은 선생이 기술을 다 가르쳐서 따로 독립시키는 게 아니고 어깨 너머로 배워서 선생이 되거든요. 상견습으로 더 오래 붙잡고 있으려고도 하구요. 그 당시는 혼자서 작업이 안 되고 견습이 있어야 작업이 될 때였거든요. 전수를 안 시켜준다는 얘기가 맞는지도 몰라요. 견습으로 더 오래 붙잡고 있으려고요. 그분은 잘 가르쳐 주신 거죠.

연배가 어느 정도 차이가 나셨어요?

스무 살 정도였어요.

선생들은 가르쳐 주는 밑의 사람들을 자식 같이 대하세요?

그렇게는 안 하지요. 그러니까 옛날이나 지금이나 돈을 조금이래도 덜 줄라고, 그러고 반대로 돈을 더 받으려고 하죠. 선생과 제자지간에도요. 자식 같은 관계는 거의 없다고 봐요.

오늘날의 용산 경리단길

1년에 세 번도 이동, 기술자 스카웃 경쟁

받는 돈에 대해 불만이 있을 수가 있잖아요? 그러면은 파업이나 협상을 하거나 하지는 않나요?

그럴 때에는 자리를 옮기는 거예요. 더 준다는 쪽으로요. 협상을 하면 못 가게 하니까요.

옮기지 말고 월급을 더 주겠다고 하는 경우도 있나요?

그런데 그때는 벌써 저쪽하고 거의 입으로 계약이 돼 있는 상태니까요. 그건 조금 힘들다고 봐야죠.

그쪽에서 사람을 잡으려고 선금 같은걸 먼저 주나요?

견습은 선불이 별로 없어요. 선생만 있었죠. 1980년대에도 보통 명동 쪽에서 자리 한 번 옮기면 선불로 100만 원씩 받았거든요. 그 당시에 100만 원이면 컸죠. 그리고 하견습이 끝나고 돈 받는 견습이 되면 사람에 따라서 다르겠지만 제 경우에는 1년에 많을 때에는 3번 할 때도 있었던 거 같아요.

스카웃 경쟁도 많이 했겠네요?

많이 했죠. 1990년대까지는 일감이 밀릴 철이 되면 돈 싸가지고 기술자들 스카웃하러 다녔어요. 사람이 모자랐거든요. 중국에서 신발 들어오기 전까지는 전부 다 호황이었었죠. 양화점에서부터 공장, 도매상까지 다 돈 벌 때에요. 구두가 호황을 누렸어요. 1980년대, 1990년대, 그때는요.

울산에 있다가 서울로 오셨을 때는 어디에 근무를 하셨어요?

서울로 와서 명동에 랑콤이라는 가게가 있었어요. 화장품 이름이랑 똑같았죠. 필동 아스토리아 호텔 뒤쪽에 있었거든요. 1980년대였는데 명동에 가게 하나 있으면 기술자가 5명, 갑피, 미싱, 봉제까지 다 하면 10명에다가 견습까지 한 15명 정도 했어요. 큰 가게도 아닌데 그때는 그렇게 호황이었죠. 친구들 연줄로 선택한 거죠. 친구가 좋은 데 가면은 같이 가서 하고 그랬어요. 그런데 상표를 쓰면 안 되니까 한참 뒤에 화장품 본사에서 규제를 한 모양이에요. 거기서 2년 정도 있었어요. 그러다가 이제 염천교로 와서 공장을 시작한 거예요.

합성피혁이 유행하면서 명동 살롱화가 자존심과 함께 죽어버렸다

옛날 명동에는 멋진 신발들이 많았나요?

옛날에는 많이 알아줬죠. 그런데 비닐 신발이 등장하면서 명동이 싹 죽어버린 거예요.

비닐 신발이요?

합성피혁이에요.

그럼 그 전에는 합성피혁이 없었어요?

없었어요. 그러다가 그게 나오면서 양도 엄청나고 가격도 반값이니까 명동에 있던 가게들이 어느 날인가 싸그리 망해버린 거예요.

구두 만드는 방법이 다른가요?

달라지는 건 없어요. 접착제만 조금 달라지죠. 대신에 그만큼 싼 신발이 등장하니까 명동이라는 이미지가 흐려져 버린 거예요. 명동에서 신발 맞췄다고 그러면 상당히 자랑할 만한 거였는데 말이죠. 옛날에는 기술자로서 자존심이 있는 사람들이 명동 신발을 만들었어요. 그런데 합성피혁 신발이 등장하면서 자존심도 다 없어져 버린 거예요. 구두라고 하는 게 가죽 구둔데, 이런 싸구려 구두를 파니까, "이거 뭐냐?"라고 하는 거죠. 기술자들이 가진 자존심이 상하는 거죠.

1980년대 명동 일대

염천교는 합성피혁으로 전성기, 구두 공장을 시작하다

그러면 이제 명동에서 염천교로 오셨잖아요? 염천교를 선택하신 이유는 뭔가요?

그 당시에는 명동이 자꾸 사그라지는 판이라서요. 뭐 굳이 거기 있을 필요가 없었어요. 대신 염천교는 잘 나갔어요. 합성피혁이라는 게 염천교에서 거의 다 지배를 했어요. 제가 1985년 무렵에 염천교로 왔거든요. 올림픽하기 전이었던거 같아요. 염천교로 와서는 기술자로 있다가 공장을 차렸죠. 공장 차린 건 1985년에서 1990년도 중간 사이었던 것 같아요. 저도 초창기에 할 적에 한 집에만 60개씩, 그렇게 아무거나 만들어도 다 나갈 때에요. 전국을 상대로 거래를 했으니까요. 그거에 대한 거부반응도 없었고요. 그때 당시 염천교는 가죽이 아니라 합성피혁으로 많이 나갔어요. 초창기에는요. 그러다가 나중에 다시 가죽으로 바뀐 거죠.

염천교 다리에서 본 수제화거리 모습

공장을 시작하게 된 계기가 있으신가요?

제가 과천 살다가 이 동네로 이사를 왔어요. 어차피 구두로 먹고 살려면 좀 가까이 가서 해야 되겠다 해가지고요. 여기 중림동, 염천교 주변이에요. 제가 당시에는 경주나 명동에서 번 돈은 다 써버려서 최소 자본을 가지고 시작을 했어요. 기술자도 2명, 저까지 3명이서 했어요. 그래도 없어서 못 팔 적이에요. 노매상에서도 보통 많이 파는 집은 하루에 500개씩 팔 적이에요. 지방으로 내려가는 게 그렇게 많았어요.

당시 선생님 공장은 어디에 있었나요?

중림동 저쪽에 있었는데 지금은 다 재개발 돼서 없어졌어요.

그때 구두 공장들이 많이 있었나요?

많았지요.

당시 공장을 하실 때 기술자들은 어떻게 조달을 하셨어요?

연줄이랑 선불을 주면은 어디서 오든지 와요. 선불은 요즘도 줘요. 지금은 50만 원씩이래도 그냥 인사치레로 주는 거예요. 선불이라는 게 갚아야 하는 거긴 하지만 월급 주고 퇴직금 제대로 주면 운영을 못해요. 그래서 오래 있으면 대부분 그냥 감해줘요.

다른 데 가지 말라는 뜻이네요?

그렇지요. 일하려고 바지 갈아입다가 딴 데 가거든요. 일하려고 왔다가요. 이직이 많으니까요.

그 당시 유행하는 디자인이 있었나요?

합성피혁이라서 요즘 신발하고는 좀 달라요. 좀 싼 신발이었어요. 당시에 신발이 합성피혁은 공장도 가격이 8,000원 할 적이에요. 어쨌든 공장은 잘 됐어요. 계속 컸지요. 어려운 적도 없었어요. 이때 돈도 많이 벌었죠. 그러다가 중국 물건이 들어오기 시작한 뒤로부터는 계속 내려가는 거예요. 10년 정도 전부터 그랬어요.

성공비결이 된 '만만이 부츠'와 '멍청이 샌들'

만드신 신발들 중에서 어떤 품목들이 그 사업 성장에 도움이 되셨나요?

제가 옛날부터 겨울에는 아줌마용 신발을 주로 했어요. 그렇게 개발을 하면 2~3년에서 5년까지는 그것만 하는 거예요. 철 바뀌 가면서요. 처음 할 적에 개발한 부츠가 지금도 주문이 들어와요. '만만이 부츠'라고 있어요. 발이 편하고 안에 기모가 들어가니까 겨울에 그냥 따뜻하죠. 가죽이고요. '만만이 부츠' 말고도 '멍청이 샌들'이라는 것도 있어요. 우리랑 도매상이랑 부르는 이름이긴 한데요. 거의 1만 족 가까이 생산한 샌들이에요.

이름도 재밌네요? 이것들 실물이나 사진을 볼 수 있나요?

지금은 물건 남아 있는 거나 찍어 놓은 사진 같은 건 없어요. 그 당시에는 잘 팔렸는데, 요즘은 이런 샌들이 안 나와요. 괜찮은 샌들이었어요. 합성피혁으로 만들었는데, 사고 없이 깨끗하게 신을 수 있었어요. 합성피혁의 장점이 그거거든요. 여름에는 '멍청이 샌들', 겨울에는 '만만이 부츠' 그렇게 나갔죠. 당시의 흐름을 잘 읽은 거예요. 겨울에 보통 2,500~ 3,000족을 만들었어요. 놀 시간이 없었지요. 거의 10년 정도 그걸로 했을 거예요. 그런데 한 번 히트 치면은 계속 양이 줄어요. 그러니까 그 사이에 개발을 해서 투입을 시키고 그래야 돼요. 롱부츠를 한 철이면 한 500개 이상 했거든요. 그런데 요즘은 한 철에 10개도 안 돼요. 싼 신발한테 다 뺏겼죠.

구두공장 운영과 도소매 유통 대한 생각

그러면 구두 가운데 갑피와 저부 중에서 어느 쪽이 더 중요하다고 보세요?

주인 입장에서 보자면 갑피에요. 갑피가 안전하게 확보가 되면 공장은 굴러갈 수 있다고 보거든요.

그런데 편한 신발을 만드는 건 결국 저부 아닌가요?

그건 맞아요. 하지만 어쨌든 기술이나 개발은 결국에는 주인 몫이에요. 큰 공장은 주인이 아이디어만 내고 중간관리자한테 개발을 맡길 수 있지만, 조그만 공장은 주인들이 개발까지 다 해야 하거든요. 저도 젊을 적에는 쌩쌩 돌아가더니 나이 먹으니까 잘 안 되네요.

구두를 만들면 도매상이나 소매상들이 사러 오는 건가요?

우리는 소매상들이랑 거래는 안 하고 도매상을 통해서 나가죠. 도매상과 믿고 거래하는 거죠. 그리고 염천교에서는 각 공장마다 철 바뀌면 새로 디자인을 개발해서 도매상으로 갖고 가요. 가서 도매상에서 마음에 들면 주문을 주고, 그리고 주문을 한 번 줬다고 해서 되는 게 아니에요. 이게 다시 소매상 가서 손님한테 반응이 있을 때 그때가 진짜 주문이 되는 거예요. 도매상에서 그냥 죽어버리는 디자인도 있어요.

소매상에서 반응이 좋으면 꾸준히 나가는 거네요?

맞아요. 그래서 이렇게 지탱하는 거죠. 우리가 서울 시내 구립 합창단 신발을 다 해줘요. 개인 주문으로 한 구에 30~40개씩 되거든요. 그리고 전국적으로 어린이 합창단 그리고 각 공항에 지상근무 하는 아가씨들 신발, 그런 걸 제가 한 15년 전, KTX 처음 생길 때부터 계속 그쪽으로 확장을 했었어요. 그런데 한 번만으로는 기본적인 양이 늘지 않아요. 우리 공장에서 작업할 만큼 양이 안 된다는 얘기에요. 그래서 도매상이랑 거래를 해야 돼요. 처음에 KTX 생길 적에 우리가 거기 단체 신발을 해줬어요. 그런데 전부 다 입소문으로 해서 주문이 계속 들어오는 거예요. 편하고 좋다고, 제주도까지요. 입소문이랑 신뢰인거죠. 저도 최저 마진으로 해주고요. 찾아오는 손님들이 고맙기도 하고요.

공장에는 젊은 기술자들도 많이 있나요?

최하가 50대에요. 마진도 그렇지만 만드는 양이 줄어드니까 유지하는 게 쉽지 않죠. 1년에 몇 켤레 정도 해야 된다는 거를 계산하면 젊은 사람들이 들어오기가 어렵죠. 예전 같지 않으니까요.

구두를 만드는 일을 하면서 굉장히 바쁘셨을 텐데 연애랑 결혼은 어떻게 하셨어요?

그것 참 이야기하기가 그런데, 제가 돈은 벌면서도 서른 살까지 그냥 빈털털이로 다녔어요. 다 쓰면서 다녔거든요. 그런데 제 후배가 하나 있었어요. 패턴 뜨는 실장이었는데 자기 여동생을 소개시켜줘서 서른두 살에 결혼했죠.

결혼을 늦게 하셨네요?

그렇죠. 와이프도 저랑 열 살 이상 차이나요. 그리고 결혼 안 하고 혼자 다니면 돈이 안 모이더라고요. 아까 말했던 울산에 저랑 같이 간 사람이 있었어요. 그 사람은 자기 와이프하고 같이 내려와서 돈을 모았어요. 그런데 그때 같은 돈을 버는 저는 돈이 하나도 없는 거예요. 다 쓰니까요.

일본도 기술 전승 힘들어, 자체 명품 못 만들어냈다

외국 이야기를 할게요. 이웃나라 일본도 이런 작은 작업장에서 일을 하는데 기술을 계속 발전시키고 전승도 하잖아요. 그런데 우리는 그렇지 못한데요. 일본처럼 기술 개발이나 대를 이어서 전수하는 게 안 되는 이유가 뭐라고 생각하시나요?

일본은 그래도 조금은 기술도 개발하고 전승도 하죠. 그런데 일본도 수제화는 계속 내리막을 타다가 지금은 거진 다 정리가 됐어요.

일본 수제화도요?

예, 그리고 일본에도 자체 명품이 없어요. 일본에도 15~20년 전부터 우리나라 기술자들이 가서 작업을 많이 했어요. 그런데 그 뒤로부터 거기도 싼 신발이랑 공장들이 인건비 때문에 지탱을 못 해요. 일본 사람들이 우리 집에 한 1년이면 3번 정도 와요. 한 세 번씩 와요. 와서는 10켤레씩 주문을 해 가요. 그런데 옛날에는 고베 쪽으로 구두가 굉장히 기성화 쪽으로 많이 발전했는데요. 지금은 거진 다 없어졌어요. 지금 일본에 살아남은 건 우리나라 메이커들처럼 백화점에 납품하는 신발이나 큰 쇼핑몰에 들어가는 신발 말고는 시중에 자체 생산해서 나오는 신발이 별로 없어요. 우리가 똑같이 따라가고 있는 거죠. 기술자들이 다시 돌아온 것도 돈 관리 못한 것도 있지만 그쪽 구두 산업이 다 죽어서 그런 것도 있어요. 그리고 어차피 우리 기술도 일본 사람들 밑에서 흘러온 거예요. 우리나라 자체 자생 기술이 아니고 해방 전 옛날 일본 사람들 기술자 밑에서 배운 기술이거든요.

선생님을 가르쳐 주신 그 선생님도 일본 사람한테서 배운 건가요?

예, 그 분도 일본 사람한테 배웠다고 그랬죠. 일단 보면은 연장이 똑같아요. 우리가 쓰는 연장 들고 일본 가면 구두를 만들 수 있어요.

개성공단에서 실험한 수제화 산업

염천교 기술자들이 중국으로도 진출한 걸로 알고 있는데요. 선생님도 가셨었나요?

저는 당시에 중국에 갈 일이 없었어요. 국내에서도 잘 되니까요. 그런데 염천교 사람들이 중국 가기 전에 기술자들이 개성공단에 간 적이 있었어요.

개성공단에도 구두공장이 있었어요?

구두도 있었어요. 처음에는 염천교 말고 청계천 쪽에서 기성화 신발 만드는 사람들이 먼저 갔었어요. 4인 1조로 하루에 막 400~500켤레 만드는 거예요. 그 사람들이 가서 1차로 실패를 했었죠.

왜 실패를 했어요?

제품이 시원찮아서 판로가 없는 거예요. 기술자들이 약했거든요. 상품성이 없었어요. 그렇게 실패하고 2차로 간 사람들은 좀 더 잘 만들어서 이마트에 납품을 했었죠.

북한 기술자들이 만들었나요?

북한에는 기술자가 없어요. 오래전서부터 공장 신발만 신었기 때문에 거기는 기술자가 없어요. 우리쪽 기술자가 가서 그 사람들을 견습으로 데리고 만든 거죠. 두 번째로 간 기술자들은 실력이 괜찮은 기술자들이었어요.

그럼 남북통일 되면 새로운 상황이네요? 우리쪽에서 만들던 수제화를 북한 사람들도 만들어 신을 수 있겠네요?

그 사람들이 동대문에 와서 사 가기도 하고 그랬어요. 고위층들 신을 신발이라고 하면서 한 사람이 몇 십 켤레씩 사 가기도 하고 그랬죠. 그런데 지금은 북한도 중국 물건 가지고 살잖아요? 그러니까 통일 된다고 그렇게 좋아질 건 없어요.

이제는 중국도 나름 기술 축적이 돼 있다

인터뷰를 하다 보니까 일본 사람들이 우리한테 핵심 기술을 거의 잘 안 가르쳐 줬는데, 우리는 중국에 기술을 싹 다 넘겨줬다는 이야기들이 많았거든요.

기술 잘 안 가르쳐 주려는 건 우리도 선생이 견습들 오래 붙잡아 있으려고 그런 거랑 같은 거죠. 그리고 중국도 이제는 나름대로 기술이 축적이 돼 있어요. 우리가 싼 신발을 만드는 건 가르쳐 줬으면 몰라도 고급 기술은 그 사람들도 가지고 있어요. 중소기업 정도의 기술이면 몰라도 구두는 그런 거 없어요. 오히려 중국 광동성 밑으로 나오는 신발은 우리가 못 따라가요. 그 사람들이 이태리 가서 배워오는 거예요. 기가 막혀요. 이태리에서 개발한 거 갖다가 생산해서 막 팔고 그래요.

염천교 구두 산업의 역사성

이번에는 옛날 염천교에 대한 질문인데요. 이곳에서 구두를 언제부터 만들기 시작했었는지, 들어보신 거 있으세요?

제가 들어 본 건 그렇게 많지는 없어요. 염천교가 어떻게 시작이 됐는지는 저도 잘 모르겠어요. 오히려 제가 어릴 때에는 옛날 남대문시장에서 기성화라 그래가지고 노점에서 신발을 만들어서 걸어놓고 팔고 그랬어요. 1950~1960년대에요. 그때 그 사람들도 구두 기술자들인데, 비 맞으면 그냥 주저앉는 그런 신발을 어떻게 그냥 기가 막히게 만들어 놨거든요. 겉모양은 번지르르해요. 앞이나 뒤에는 종이 같은 걸 넣어서 만들었거든요. 옛날 남대문시장 기성화 말이에요. 이런 데다 쫙 걸어 놓고 팔고 그랬거든요. 저 어렸을 때 가보면 그랬어요.

수제화거리의 연혁을 알려주는 안내판

여기에 구두공장과 도매상들이 모여서 번성했던 건 서울역 때문인 건가요?

서울역 때문은 아니에요. 그 당시는 서울에 도매상가가 별로 없었어요. 청계천이나 동대문은 전부 다 그 삼양동 쪽에서 나오는 기성화, 전부 다 비닐신발 그리고 염천교는 그나마 가죽신발, 아니면 합성피혁, 재질은 신어도 별로 표가 안 나고 좀 튼튼하게 만들어진 것들이었어요. 동대문 기성화보다는 잘 만들었죠. 그렇게 해서 염천교가 유지를 한 거예요. 그리고 1980년대에는 전성기라서 피혁점이 많았어요. 자재, 가죽을 사러 전국에서 사러 올라왔거든요. 그런데 지금도 그렇지만 주차장이 없어요. 지방에서 오면 관광버스로 올라오거든요. 전부 다들 이렇게 모아가지고. 그 사람들을 풀어놓아야 물건이 나가는데 주차장이 없어서 어디 내려놓을 데가 없는 거예요. 그게 좀 아쉽죠. 주차장은 지금도 없어요.

수제화 만드는 데 여성들의 역할, 재단사들은 여자

인터뷰를 남성분들만 하다보니까 궁금해서요. 여성분들이 신발 만드는 일을 옛날에는 안 배웠나요?

재단사들은 여자였었어요. 옛날에도 그랬죠. 남자 재단사는 없고 여자들이 다 했어요. 80%는 여자였어요. 패턴사가 패턴을 내주면 가죽 위에 놓고 그려주는 거예요. 그럼 미싱 하는 사람들이 잘라서 봉재를 해주는 거예요. 미싱은 남자가 하고요.

재단사의 지위는 어느 정도인가요?

그냥 편한 일하는 정도? 그냥 자기 월급 받을 만큼 받고 그런 자리죠. 도급제가 아니라 월급이죠. 대신 요즘 월급의 흐름은 따라가지 못해서 별로에요. 공장이 큰 데는 재단사가 있어요. 염천교 같은 경우는 부부가 그냥 나와서 하는 거죠. 부인이 재단도 하고요. 물론 두 사람 돈은 안돼요. 우리 집도 같이 일해요. 재단도 하고 운영도 하고, 같이 한 지가 10년도 넘은 거 같네요. 저한테 배웠어요. 제가 직접 가르쳐 줬거든요.

네, 오랜 시간 인터뷰 응해주셔서 감사합니다.

“맞춤깔창은 본인 발을 찍어야 하니까 중국 제품이 안 통하죠”

| 안효성 |

주요약력	1949년 경기도 파주 출생 1968년 마포 크로바제화에서 구두일 시작 1978년 연탄창고에서 구두공장 운영 2012년 염천교에서 세븐웰 운영

면 담 자	김영미(국민대학교)
면담주제	염천교 구두장인들의 일과 삶
면담일시	2018년 10월 19일
면담장소	염천교 수제화 거리 세븐웰 가게

경찰공무원이었던 부친의 시련과 어려웠던 어린 시절

이번 면담은 서울역사편찬원에서 '염천교의 구두장인들'이라는 주제로 실시하는 서울역사구술채록사업의 일환으로 진행되는 면담입니다. 오늘은 염천교에서 세븐웰을 운영하시는 안효성 선생님을 모시고 이야기를 나누겠습니다. 안녕하세요. 안효성 선생님, 우선 선생님의 어린 시절과 고향, 어릴 적 가족 분들의 이야기나 학창시절 추억이 있다면 말씀해 주세요.

안효성이라고 합니다. 1949년 음력 9월 20일생이에요.[01] 경기도 파주 금촌읍 아동면衙洞面 맥금리陌今里에서 태어났어요. 지금은 아동동衙洞洞이라고 하는 곳이에요. 5남매 중에 둘째였지요. 돌아가신 형님이랑 남동생 둘, 여동생 하나에요. 부모님은 일제강점기 때 징용을 나가셔서 필리핀, 거기 남양군도라고 하는 곳에 가셨다가 돌아오셨어요. 광복 후에 경찰공무원으로 오래 근무하셨어요.

태어난 동네는 순흥안씨 집성촌이었어요. 그때만 하더라도 금촌에서부터 우리 동네까지는 38선 이북, 지금의 통일동산 전망대 있죠? 거기 중간에 지금은 자유로로 가면 있는 헤이리 영어마을, 그 뒤에가 우리 동네거든요. 제가 어렸을 때에는 금촌역에서부터 내리면 3~4번 검문소를 거쳐요. 경찰관이랑 군인들한테 검문을 받고 다니는 동네였죠. 휴전선 마을이에요. 자유로가 뚫리기 전까지는 검문소 때문에 누가 가려고 하지도 않았어요. 귀찮아서요. 다른 사람들은 거기 가봐야 곳곳이 검문하고 그러는데 잘 가질 않았죠. 저는 거기서 금산국민학교 1학년을 다니다가 서울의 마포로 이사를 온 거죠.

01 구술자는 양력 기준 1949년 11월생이다.

부모님에 대해서 말씀해주세요. 어떤 분들이셨나요?

아버님은 안, 정자, 균자. 어머님은 이, 흥자, 남자를 썼어요. 아버님은 경찰 공무원이었어요. 어릴 적에 서당에도 다니고, 공부를 좀 하셨어요. 그러다가 징용 나갔다가 오셨죠. 공부는 아버님이 나름 많이 하신 것 같아요. 경찰 공무원 시험도 한 번에 합격을 했거든요. 경찰 일은 금촌에서도 조금 하시다가 경상도 진주晉州에서도 좀 하시고, 제가 초등학교 들어가기 전에까지 돌아다니셨어요. 아버님이 오래 근무하셨어요.

그러다가 어려운 사람을 도와줬는데 돈을 많이 가지고 있는 사람이었나 봐요. 무슨 사고를 당해 어려움에 처해 있는 사람이라서 도와줬는데, 그 사람한테 술 한 잔 얻어먹었나 봐요. 그때 당시 돈을 받지 않아서 어머니가 어렵게 살 수밖에 없어서 관사에서 살았거든요. 돈 한푼 모아 놓은 것도 없고, 우리들한테도 공책 하나 사주질 못할 정도로 청렴결백하신 분이셨어요.

그런데 술을 한 잔 먹고 취해서 집에서 주무셨는데, 그 사람이 돈 보따리를 집에다 놓고 가신 거예요. 그게 감찰반한테 걸려갖고 '돈을 받고 이런 문제를 해결해줬다.' 이래서 그냥 뭐 짤리셨죠. 결국 평택의 안중安仲이라는 곳으로 내려갔죠. 귀농인 거죠. 그런데 옛날에 조병옥 박사가 여기 서대문구, 여기 중구에 출마하셨잖아요? 그 분이 아버님을 잘 아셨어요. 그래서 "그러지 말고 거기 내려가서 농사라도 좀 해라." 그래가지고 제가 어렸을 때도 너무 똑똑하게 기억하는 게 3,000평 되는 땅을 주었어요.[02]

---

02 1958년 제4대 국회의원선거에서 중구 갑은 주요한(민주당), 중구 을은 정일형(민주당)이 당선되었다. 서대문 갑은 김도연(민주당), 서대문 을은 최규남(자유당)이 당선되었다. 참고로 마포구는 김상돈(민주당)이며, 조병옥은 그해 성동구 갑에서 당선되었다. 조병옥은 1960년 제4대 대통령선거 후보로 나왔고 신병 치료차 미국으로 건너갔으나 2월 15일 수술 중 사망하였다.

조병옥 박사가요?

예, 조병옥 박사가 소개를 해준 거죠. 서울에서 그렇게 폐인처럼 술이나 먹고 다니고 그러지 말고 그러라고 한 거였어요. 거기서 한 2년 정도 사는데 움막을 파서 짚으로 덮고 산에 가서 나무 베어서 살았어요. 그러다가 어머니가 이거 못 살겠다고 하셔서 다시 서울로 올라오셔서 다시 전에 살았던 마포에서 한 3~4년 살았던 거 것 같아요. 어머니는 마포 공덕동 시장에서 장사를 하시고, 저도 평택에는 국민학교 6학년 말에 내려가서 중학교 2~3학년 쯤 다시 올라왔어요. 평택에는 중학교가 야간이었거든요. 학교도 별로라서 그렇게 올라왔어요. 그런데 그때 저도 그렇고 저희 어머니도 그렇고 장사를 하느데 막내 동생 애를 봐줄 사람도 없고, "우리 형편에 너는 지금 학교 갈 형편이 안 된다, 중학교도 야간이라도 나왔으니까, 엄마를 좀 도와라." 그랬죠. 그러다가 남의 집 심부름도 다니고, 부모님 고민도 많으시죠. 애들도 있는데, 제대로 가르치지도 못하고, 형은 그래도 장남이라서 그때만 해도 좀 가르쳤는데, 제 차례부터 그렇게 된거죠. 그러다가 동네 선배가 "아니 너 어디 가냐?", "요즘에 뭐 좀 놀고 있습니다." 그러니까 이 구두를 배우라고 알려준 거예요. 그렇게 해서 하게 된 거죠.

부모님이 좀 힘드셨겠어요. 그런데 아버님이 경찰 공무원 하셨으면 지금의 중학교나 고등학교 같은 학교를 나오신 건가요?

서당도 다니고 그랬던 거 같아요. 학교는 아닌 걸로 알고 있어요. 그래도 아버님은 나름 공부를 하신거 같아요. 그때 당시 경찰은 시험보고 들어가셨어요. 많이 배우셨죠. 우리 문중에서 글을 또 잘 쓰시고 문중의 일도 봐주고 그랬어요. 전부 한문으로 된 문서나 그런 거를 다 봐주시고 그랬어요. 그래도 뭐 그건 용돈벌이밖에 안되죠. 일년에 몇 번 맡게 되는 일이 아니니까요. 그래도 뭐 어려운 재판 같은 거 있으면 아버님이 다 해결해주셨어요. 경찰 공무원을 하셨으니까요. 해결해주고 용돈이나 얻어 쓰시는 정도였죠.

부친의 귀농, 야간 중학교 입학, 다시 서울로

평택에 있었던 야간중학교는 기억하시나요?

그때는 교회 목사님, 전도사님이 만든 학교예요. 미군부대가 평택에 있었어요. 이름이 광덕이라고 있었어요. 그래서 미군이랑 카추사하고 나와서 좀 가르치고, 그러면서 야간중학교를 교회목사님 중심으로 만들었어요. 덕목중앙교회에서 세워서 덕목중앙교회 중학교였어요. 그때는 그런 게 있었어요. 지금도 있을런지 모르지만 중학교과정 강의록, 고등학교과정 강의록, 지금은 검정고시라고 그러나요? 그런 식이죠. 2년 만에 졸업하는 거였어요. 그때는 중학교도 시험 보고 들어갔거든요. 그래서 안중중학교를 가서 시험을 봐서 합격을 했는데, 학교를 보낼 형편이 안 돼서 몇 달 있었는데, 바로 거기서 아는 분이 "그런 데가 있으니까 가자."해서 가보니까 동네 형이랑 친구랑 다들 그냥 또래들 한 20명 정도가 다 한 학년이 돼갖고 간 거예요. 그런데 제가 거기 학교 졸업은 안 한 거 같아요. 사진 같은 건 없거든요.

평택에 갔다가 다시 서울로 오셨을 때도 원래 살던 마포로 오신 건가요?

그렇죠. 다시 마포로 온 거죠. 어머니가 야채도 팔고, 떡 장사도 좀 하시고 그랬죠. 공덕 쪽이에요. 도화동, 염리동, 마포동, 마포에서만 왔다갔다 한 거예요.

오늘날의 마포구 공덕동

마포 크로바제화에서 구두일을 처음 배우다

구두를 하자고 해서 제일 처음에 가신 곳은 어디셨나요?

지금은 없어졌지만 크로바제화라고 그때 당시 일감이 많던 공장이었어요. 처음에 가서 매력을 느낀 것이 뭐냐면 제가 철공소도 조금, 식당도 조금, 이발소도 조금, 이렇게 가봤는데 다들 월급제로 줬었거든요. 1년씩, 1년씩, 다녔는데 그런 중에 선배님이 딱 만나서 "야 그러지 말고 여기 와라." 그러는데 매력을 느낀 것이, 유독 여기는 열심히 하는 대로 자기 손재주대로 돈을 주는 거예요. 가만히 가서 구경을 해보니까 하루 10켤레 만드는 선배님이 있고, 15켤레를 만드는 선배님이 있고 그래요. "하나 만드는 데 대한 돈은 같은데 어떻게 그렇게 됩니까?" 그러니까 "열심히 하고 새벽같이 나와서 늦게까지 하면서 손재주도 좀 있고 그러니까 많이 타가지 않느냐?" 그래요. 그런데 그게 또 우연찮게 봤어요. 지금은 '월급날'이라고 하지만 그때는 '간존날'이라고 그랬어요. 그러면서 그 돈 통을 옛날에 둘 데가 없으니까 탄피통 있잖아요? 군대에서 쓰는 탄피껍데기, 거기다가 연장을 넣고 다녔어요. 거기다 돈을 가뜩 넣고 "오늘은 간존날이라서 이렇게 한다." 그래서 "왜 이렇게 (받는 돈) 차이가 많으냐?"고 물어보니까, "재는 일찌감치 나와 갖고 열심히 해 갖고 주인한테 칭찬도 받아가면서 하는 거다." 그러니까 저도 '아, 이거 나만 열심히 하면 많이 받을 수 있겠다.' 그래서 덤벼든 거예요.

첫날 구두공장에 가셨을 때 어떠셨나요?

일한 만큼 돈을 준다는 것에 매력을 느껴갖고 첫날 갔죠. 지금 기억으로는 보통 7시, 8시쯤 정도면 다들 나오는데, 저는 한 5시쯤 간 것 같아요. 그러니까 가서 할 일이 없잖아요? 문도 안 열려 있고, 그러니까 열기 전에 길이랑 마당을 다 싹 다 쓸어줬죠. 그러니까 처음부터 잘 본 것 같아요. 저도 빨리 배워서 뭘 좀 보고 싶었죠. 그리고 못도 반듯한 거 골라서 펴서 이렇게 놔주고, 그러니까 사장님도 칭찬해주고, 또 신이 나서 또 더 그랬고, 그렇게 일을 좀 배웠죠.

크로바제화 공장이 어디에 있었나요?

마포에 있었어요. 옛날에는 학교였는데 지금은 산업관련 공단으로 바뀌어 있더라고요. 지금 공덕동 로타리 롯데호텔 바로 뒤에 있는 거예요. 크로바제화는 학생화로 알려져 있잖아요? 그런데 저는 학생화 만들기 전부터 일을 했었죠. 원래는 일반 구두를 만들다가 학생화가 막 유행이 되면서 학생화로 만들었던 거죠.

처음 가셨을 때 직원이 몇 명 정도 있었나요?

제가 알기로 20~30명? 당시는 굉장히 큰 거예요. 집이면서 공장이었는데, 그때도 한 150평 정도였는데 자기네 집을 한 30평 쓰고, 한 50평 정도가 공장이고, 나머지는 마당이니까, 제가 항상 마당을 쓸어주고 그랬어요. 그런데 그 친구들이 고만고만 했어요. 나이도 그렇고요. 동네 애들, 마포 애들이니까 다 또래들이잖아요. 그런데 다른 애들보다 저는 영 적게 주더라고요. 첫 달에 받은 게 600원이었어요. 제가 우리말로 '단도리'[03]라고 그러잖아요? 일 하기 전에 준비과정을 딱 해서, 딱 갖다 놓고, 창고에 가서 따닥 챙겨서 딱 갖다가 오야봉이죠? 선생님한테 딱 갖다놓고, 딴 애들은 시켜야지 하는데 저는 미리미리 딱 갖다 놓고, 딴 사람보다 훨씬 일도 빠르고 잘 했죠.

크로바제화 광고

그렇게 했는데도 농땡이 치는 녀석들보다 적게 주면서도 저를 좀 천천히 가르치더라고요. 저를 천천히 가리키면서 부려먹는 것이 눈에 보이더라고요. 저는 빨리 배워서 나가는 게 목적인데, 가게 차리는 게 목적인데, 선배님

03 일을 해 나가는 순서·방법·절차 또는 그것을 정하는 일을 뜻하는 일본어 단도리(だんどり)를 말한다.

한테 3년을 그대로 꾸준히 배웠죠. 그러더니 나중에는 거의 저한테 맡겨놓고 술이나 먹고 늦게 나오고 일찍 들어가고, 그러니까 결국은 제가 다 하는 거예요. 그래서 제가 돈 받고서는 딱 도망갔어요. 그렇게 나와서 다른 공장들 좀 돌아다녔죠.

다른 곳으로 옮기신 거군요?

그러던 차에 조그만 데 가니까 사장님이 그 정도 실력이면 제자 하지 말고 그냥 선생을 하라고 하더라고요. 그렇게 구두를 만드니까 남대문시장에 '여왕사'라는 사모님이 있었어요. 남대문 자유시장에서 인텔리에 글래머에 사채놀이도 하는 분이었어요. 대단한 여사장님인데 저는 손이 크고 힘이 좀 있으니까 쉬지 않고 칼로 밑창을 한 번에 매끄럽게 오리니까 신발이 아침에 나오면 제 것만 쏙 집어가는 거예요. 먼저 한 친구들 것은 안 집어가고 말이죠. 그러니까 친구들이 싫어하는 게 보여요. 그래서 미움 받으면 안 되니까 똑같이 나눠서 하고 그랬죠. 그러다가 '이래선 안 되겠다, 빨리 나와서 차리자.' 그래 갖고 친구들보다도 (공장을) 빨리 차렸어요. 마포 집 동네, 거기다가 하나 차렸어요. 친구들도 노는 애들 많지, 그때는 뭐 취직자리도 없죠. 오라고 그러니까는 벌떼같이 왔어요. 공장은 연탄창고 다섯 평밖에 안되는데, 열댓 명이 와서 바글바글했어요.

연탄창고를 빌려서 구두공장을 차리다

연탄창고로 공장을 하셨어요?

친척집이었어요. 연탄을 이렇게 쌓아두고 그러는 집이었었어요. 제가 구두를 만들어서 아버님한테 먼저 선물을 했어요. 그러니까 보고 있다가 우리 친척 아저씨가 "야, 이거 나도 하나 만들어주라."해서 같이 만들어드렸어요. 그래서 보더니 빨리 가게를 차리래요. 그렇지만 뭐가 있어야죠. 장소도 없고 그러니까, 그 아저씨가 "우리 연탄 창고가 한 4~5평 되는데, 쓸 수 있느냐?" 그러시길래, 거기서 처음 미싱 한 대 놓고 모터 한 대 놓고 시작을 먼저 해버린 거예요.

그러면 크로바제화에서 3년 계셨고, 그 다음에 공장을 차린 건가요?

마포에 있다가 옛날 서울대학교, 혜화동 동숭동이죠. 거기서 한 몇 년 있다가 차린 거죠. 총 한 10년 정도는 일하고 차린 거 같아요. 24~25살쯤 됐던 거 같네요. 중학교 나와서 15~16살 정도부터 했으니까요.

김일성의 구두와 말안장을 만들었다는 김병근 장인에 대한 추억

크로바제화에서 선생님한테 구두를 가르친 분은 어떤 선생님이었나요?

그분 이름은 김병근라고 해요. 후에도 계속 알고 지냈죠. 나중에는 제가 공장을 차리고 나서 몇 년 후에는 그분이 자리를 구하시고, 저는 사람을 필요로 하고, 그래서 "아이고 스승님, 우리 집에 와서 좀 해주세요."하고 그랬죠. 그분이 기계를 잘 만졌어요. 오셔서 일하시면서 저도 기계 좀 배우고 그랬죠. 일하시면서 김일성의 말안장과 말 장화, 이런 걸 만들어주고 그랬었다고 하더라고요. 그분 말에 의하면 6·25전쟁 때 피난 온 거라고 그러더라고요. 가족들 다 두고 홀홀단신으로 자식들도 세 명이나 되는데, 그냥 두고 왔대요. 그렇게 술을 많이 드시고 막 공장에서 쓰러져서 주무시고, 다른 분들은 좀 많이 싫어했던 거 같아요. 기술은 좋고 멀쩡하게 일할 적에는 잘하시는데, 술을 드시고 쓰러져 자고 그랬어요. 그러다보니까 아마 자리도 좀 못 잡으시고 그랬어요. 그래도 저는 참고 아버님 같은 연세니까, 좀 해주십시오. 제가 일 조정을 좀 해가면서 미리 술 사드리기도 하고, 한가할 때에는 "오늘 내일 일 많으니까 드시지 마세요, 모레 사드릴게요." 그리고 내일 안 드시게 하고, 모레 드시게 하고, 이러니까 저한테는 좀 오래 계시면서 잘 맞았어요. 술 안 드셨을 적에는 아주 아주 인텔리였어요. 배운 것도 많았고요.

가족을 북한에 두고 오셔서 그런 것 때문에 더 술을 많이 드셨나요?

그래서 제가 물어봤어요. "왜 그렇게 술을 많이 드시고, 정신없이 쓰러지시냐? 안 드실 적에는 괜찮으신데, 왜 그러시냐?"고 그랬더니, 애 셋을 놓고 왔는데 눈에 아른거린다는 거에요. 부인하고요.

당시에는 구두가 굉장히 귀한 물건이었잖아요? 그분이 기술에 대한 프라이드도 상당히 있으셨겠네요?

굉장했죠. 많이들 그분에게 배우러 다니고 애를 쓰고 그랬어요. 그러는데 그분이 술 드시고 쓰러지시고 그러니까 못 배우죠. 그래서 제가 자꾸 물어봤어요. "안 드시면 되는데 왜 그러시냐?" 괜찮으시고, 아주 인품도 좋으시고, 뭐 영화배우로 치자면 스타답게, 생긴 것도 잘 생겼어요. 그랬더니, "애가 세 명이 있는데 어떻게 하다가 그냥 혼자 그렇게 왔는데, 맨날 눈에 아른거린다." 그런 얘기를 해주시면서 우는 기예요. 평양에서 김일성한테 말안장하고, 구두를 해주니까, 소령인가 대령을 달아줬대요. 일을 하지만 어디가든지 아무데나 갈 수 있는 뭐 통과증 같은 걸 만들어줬대요. 말안장하고 구두가 너무 좋아가지고요. 그걸 받고 만주도 갔다 오고 막 그랬다고 그러더라고요. 만주도 가고 북경도 갔다 오고, 어떡하다가 잘못 왔는데 자기도 모르는 사이에 그냥 혼자만 딱 들어온 거죠.

견습생 시절의 기억

일 배우실 때 처음에는 어떻게 가르쳐주는 지를 좀 설명해주세요.

처음에 갔을 때는 라스트를 나무로 깎은 거요. 그걸 켤레대로 딱 갖다놓죠. 중창을 깎을 수 있도록요. 그때만 해도 박스 같은 거, 옛날에는 보루(헝겊)박스, 미군 씨레이션[04] 박스 같은 박스가 두툼하니 좋았어요. 그걸로 중창을 만들었어요. 밑창 안쪽에 들어가는 거요. 가죽으로 쓰면 고급이죠. 그런데 보니까 종이박스, 미군 씨레이션 박스들은 값싸니까 그걸로 하게 된 거죠. 그래서 가죽 중창을 깎아 쓰다가 값도 비싸고 수량도 적게 나오니까 박스로 바꿔치기 하는 시기였어요. 그걸 켤레대로 맞춰서 선생님한테 딱딱 갖다놓는 거예요. 10켤레 만들면 10켤레, 쫙 해서 이렇게 갖다가 놓으면 라스트를 뒤집어서 못을 박아놔야 돼요. 그래야 칼로 깎거든요. 그리고 미리 좀 깎아놓죠. 그러면 조금만 다듬으면 되잖아요? 그러니까 칼을 잘 갈아놓고, 제가 대충 깎아놓으면 선생이 금방 깎을 수 있게 해 놓는 거죠.

몇 번을 깎아야 되는 걸 갖다가 그래서 미리 해주니까는 좋아하고 그랬죠. 초벌로 깎아놓으면 잘 깎을 수 있도록 해주고요. 그러고 또 구두코에 넣는 선심도, 칼로 깎은 다음에 끝을 깨진 유리를 딱 하고 잘라요. 요만큼씩, 그러면 유리 날이 있잖아? 그런 걸로 삭삭 다듬으면 아주 날렵하게 잘 되요. 뭐 손재주가 좀 있었다고나 할까요? 제가 그걸 빨리 해줬어요. 그러니까 오히려 오랫동안 부려먹으려고, 쪼끔씩 쪼끔씩 가르쳐 주는 거예요. 자기가 오랫동안 편하게 부려 먹으려고요. 돈도 많이 안주면서 그래요. 많이 줬으면 오히려 붙잡혔죠. 도망갈 궁리를 한 거예요.

---

04 제2차 세계대전과 6·25전쟁 당시 미군의 전투식량을 말한다. 주한 미군의 C-레이션이 미군 부대에서 흘러나와 암시장에서 인기리에 팔렸다.

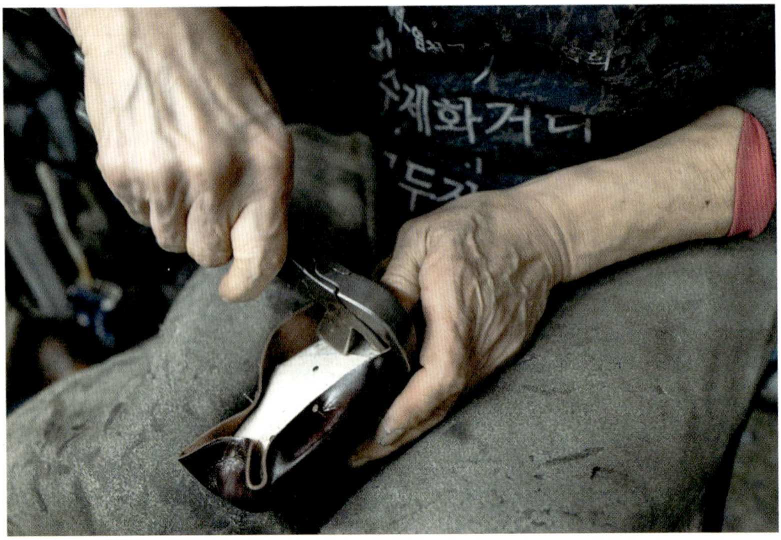

중창을 넣어 고정시키고 라스트에 갑피를 씌우는 모습

일하던 초반에 선생님이 남들보다 잘했던 기술 같은 게 혹시 있었나요?

제가 저부일을 했어요. 그때 중창을 깎을 때였는데, 잘 깎아야지만 모서리가 잘 붙어요. 지금은 이렇게 몰드 창[05]이 나와서 붙이면 됐지만 그 전에는 타이어창 자른 넓적한 거를 붙이고 그걸 손으로 깎았어요. 그러다 보니까 밑에부터 잘 깎지 않으면 다 삐뚤어져요. 울퉁불퉁 되는 거죠. 딴 애들은 깎을 때 한번 쉬어요. 그런데 저는 힘이 있으니까 꽉 쥐고 한 번에 쉬질 않고 이렇게 딱 돌아가니까 칼질이 매끈하잖아요. 아무리 잘해도 칼이 가다가 쉬면은 쉰 자국이 나와요. 그런데 저는 쉰 자국이 전혀 안 나오니까 누가 보기에 “아휴 매끈하다.” 아니면 “어떻게 붙였길래 이렇게 나오느냐?” 그랬어요. 다른 애들은 그게 힘이 달리고, 손이 작으니까

05 창과 굽이 일체형으로 우레탄을 몰딩한 창이다. 가공 창에 비해 고급스러운 느낌이 적으나 가볍고 튼튼하여 활동량이 많은 사람들이 선호하는 유형이다. 굽갈이는 불가능한 반면 마모가 매우 적은 편이다.

안 되는 거죠. 그런데 저는 그게 되더라고요. 그래서 그냥 좀 인정받고 그랬죠. 그리고 선심 깎는 거, 이것도 유리에다가 잘 깎아야지만 이렇게 매끄럽게 나오는데, 바쁘다고 힘들다고 덜 깎으면 턱이 생겨요. 턱이 안 생기게 하려면 매끄럽게 잘 깎아야 돼요. 지금은 저 스카이빙 기계가 있으니까 싹 깎이죠. 지금이야 기계로 깎지만 그때는 그게 없으니까 손으로 깎았어요.

유리를 이용한 것은 선생님께서 개발한 건가요?

그때 당시는 다 그렇게 했어요. 손도 많이 베였죠. 못 박다가 상처도 나고 많이 그랬어요. 못이 작으니까 이렇게 손으로 누를 수밖에 없었어요. 항상 못 잡는 손가락이 갈라지고 그랬죠. 지금은 타카로 탁탁 하는데 그 전에는 손으로 할 수밖에 없었어요. 항상 갈라지고 시커멓고 그랬었어요. 닦아도 안 지워지고 그랬었어요.

저부를 하셨다고 하셨는데요. 작업할 때 팀으로 하시는 건가요?

3~4명이 1팀이에요. 적으면 2명이고, 3~4명 정도쯤 돼요.

역할이 어떻게 나뉘나요?

초보자가 처음 오면 심부름만 하죠. "뭐 갖고 와라, 뭐 물 떠와라, 뭐 그런 거. 칼 갈아 놔라." 조금 올라가면 유리로 선심 얇게 깎아 놓는 거 하고, 그 다음에 1~2년이나 되어야지만 중창 초벌 깎는 거 하죠. 3년이 되어야지 착착 하는 거죠. 그런데 저는 2년도 되기 전에 중창을 한 번에 깎아 버려서, 딱 내놓으니까 좀 빨리 선생이 되었죠. 그리고 본드가 나오기 전이라서 다 꿰맸어요. 기계 나오기 전에 다 손으로 했었어요. 그러다가 기계가 나오니까 다 기계로 꿰맨 거죠. '크로바'에서도 꿰맸어요. 송곳으로 뚫어서 손을 넣어서 꿰고, 그래서 제가 뾰족한 구두는 좀 어려웠어요.

왜냐면 손이 커서 이게 안 들어가요. 좀 뭉툭한 것은 들어가는데, 그래서 내가 얼른 뒤를 빨리 꿰매주고 앞에는 손이 작은 애한테, "니가 꿰매라." 제가 뒤 빨리 해주는 것이 더 빠르니까요. 애들은 좋다고 하죠. 그러다보니까 '아 그쪽으로는 내가 안 맞는구나.' 그러고 나서는 넓적한 쪽으로만 하게 됐어요. 기계가 들어온 건 개업하고 3~4년 뒤에 있다가 들어온 거 같아요. 그전에는 힘든 작업이었죠.

지금은 기계로 꿰매는 게 아니라, 본드로 바뀐 거잖아요?

지금은 본드가 좋아서 접착도 잘 안 떨어지고 그렇지만, 꿰매면 지금보다 수명이 오래 갔죠. 속 안으로 꿰매면, 발 건강에는 정말 좋죠. 선심도 찹쌀을 떡만 한 걸 시장에서 파는 거 하나 사다가, 물을 붓고 풀을 쑤는 거예요. 찹쌀 풀이죠. 그걸 선심으로 넣는 거예요, 월형[06]도요. 그리고 가죽을 무두질[07]하듯이, 찹쌀 풀로 했던 거예요. 찹쌀 떡 하나 사오면 우리가 요만큼씩 떼어먹기도 하고요. 그러고 나서 풀을 묽게 쑤고요. 그래서 매도 맞고 그랬어요.

크로바제화에서 그렇게 하셨어요?

그렇게 했죠. 찹쌀떡 하나씩 사다가 주면은 고거 쪼끔 떼어먹고 야단맞고, 그래서 풀을 묽게 쒀서 하고, 가숙도 잘라서 꿰맸고, 선심도 찹쌀 풀 넣어서 만들고 그랬죠. 그러니까 발 건강에는 아주 좋았던 것 같아요.

---

06 구두의 뒤꿈치에 들어가는 부자재로 뒤꿈치가 내려앉거나 쉽게 벗겨지는 것을 막는다. 내피와 겉감 사이에 들어간다. 영어로는 counter 또는 heel counter라고 한다.

07 가죽을 부패하지 않은 상태로 가공하는 것을 말한다. 염색, 가지(加脂), 건조 등을 거친다.

25살 무렵에 연탄창고에 구두공장을 차리셨을 때 어땠나요?

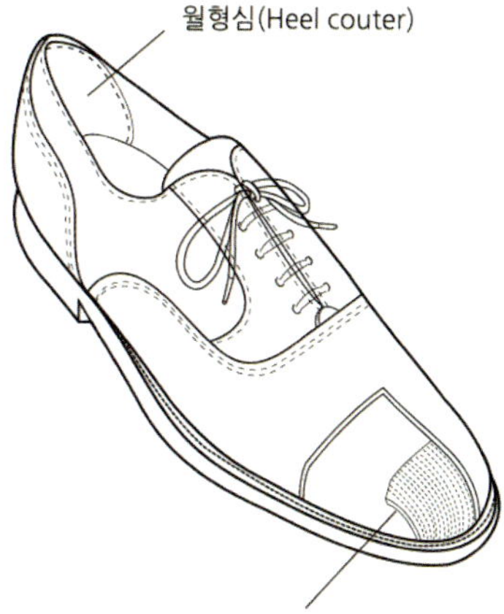

선심과 월형

거기서 시작할 때는 취직자리들을 찾지 못한 또래들이 많으니까 많이들 모였어요. 일들 많이 거들어주고 밥만 먹고 가고 많이 그랬었죠. 그때 당시는 만들면 만드는 대로 그냥 막 팔려나가고 그럴 때예요. 만들면 그냥 바로 나가고, 남대문 자유시장, 거기다가 제일 많이 냈어요. 거기에 주로 물건을 댔죠. 그러다가 청계천5가가 생기면서 거기로 납품을 좀 했죠. 또 몇 년 있다가 7가가 생겼는데, 거기는 평화시장 바로 건너편에 큰 건물들이 있었죠. 빈 상가로 지어놓고 시에서 지었다든가 어디서 지었다든가 했는데, 하여튼 지어놓고 비어있으니까 임대료만 내면 주겠다던 때가 있었어요. 그래서 그때 공장겸 도매상겸 같이 해갖고 거기서도 오랫동안 했죠. 한 15년? 16~17년? 제가 상회를 '안토니오'로 지었는데 거기 나이 드신 분들은 제 이름은 몰라도 얼굴하고 안토니오라고 하면 잘 알아요.

연탄창고에서 처음 시작했을 때는 이름이 없었어요?

한 1년 정도는 이름이 별로 없었죠. 그러다가 '아리랑'도 해봤다가, '태평양'도 해봤다가, 그러다가 한 1년 후에 안토니오라고 하고 그걸 계속 최근까지, 여기 오기 전까지 썼죠.

염천교에는 언제 오신 거예요?

6년 되었지요. 그 전에는 도매상은 청계천, 공장은 마포. 집이 마포니까

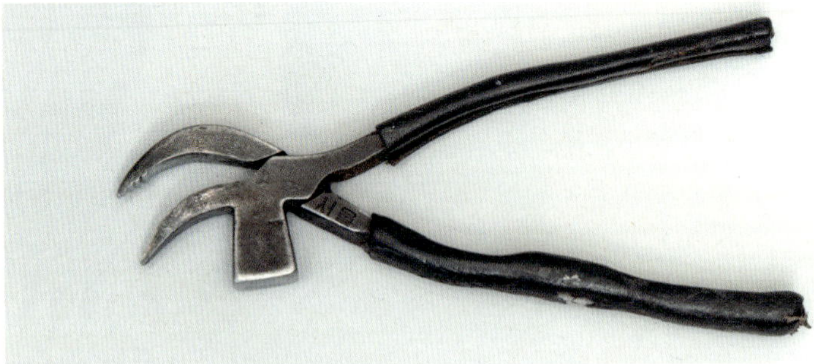

라스트 플레이어, 일명 고소리(고수리)

거기서 계속 했던 거예요. 지금은 공장 자리에다가 원룸을 지었어요. 원룸은 집사람한테 이거는 당신 걸로 해서 알아서 하고, 나는 여기서 나와서 서로 터치 안하기로 하고요. 제가 공장만 할 때는 집사람이 짜증내는 게 좀 있었는데, 다 치우고 원룸을 짓고 나니까 지금은 좋아하죠. 혼자 있으면서 매월 통장 찍어보면 되니까요. 자기 앞으로요.

한국 제화업과 일본의 영향

구두 명칭은 일본말들이 많은 거 같아요.

그렇죠. 다 일본말로 배웠죠. 그래도 지금은 많이 없어진 거예요. 그래도 우리가 제일 많이 쓰는 것 중에서 첫 번째가 고수리,[08] 일본말도 다른 이름이 없어요. 집게인데, 집게라는 것은 따로 있잖아요? 그래서 그거는 다른 이름이 없어요. 옛날 분들이 일제시대 때 배워갖고, 그분들이 우리한테 가르쳤기 때문에 다른 이름이 없어요. 그냥 고수리죠.

---

08 라스트 플레이어(Last Plier, Last Pincer)를 말한다. 일명 고소리(고수리)라고도 한다.

그러면 일본식 전통이라든지, 그런 문화가 남아 있는 걸까요?

그런 전통은 없어요. 다 한국화해버려 갖고, 기계만 미제, 이태리제, 일본제, 이렇게 쓸 뿐이지, 일본식은 없죠. 자유시장 시절에 일본인 선생들이 간혹 있기는 했어요. 초빙된 선생들이 있었어요. 그런데 우리가 더 빨리 배우고, 1개를 가르쳐 주면 우리는 3~4개씩 알아버리고 이러니까 못 견디고 그냥 갔죠. 그 사람들 올 때 요구는 이렇게 같은 공간에서 절대 일을 같이 안 하는 거예요. 밀폐된 공간에서 혼자 일해요. 혼자 제품을 내놓고 보질 못하게 하는 거예요. 우리들이 싫어했죠. 그리고 하나 딱 제품 해놓으면 우리가 옆눈으로 쳐다보고 '아, 저거?' 해놓고 두세 개를 해버리니까 못 견디고 가버리더라고요. 한 2년 일했나? 우리가 보고는 저기서 조금 더 발전시켜서 만들어요. 자동차를 우리가 만들어내듯이요. 그렇게 해서 비슷하지만 틀리죠. 그렇게 해서 내놓고, 그러니까 못 견디더라고요.

잘 나가는 청년 사업가 시절, 부산 출장과 결혼

기술자로 있다가 공장을 차렸더니 수입이 몇 배나 늘어났어요?

사장 되고서는 많이 늘어났죠. 뭐 직장 다닐 때하고 비교하면 계산을 잘 못하지만은 훨씬 좋았죠. 그때 당시 국제고무니 무슨 월드컵 삼화고무니 이런 데가 막 일어날 때였어요. 그때 부산쪽 신발공장 메이커들 수출이 엄청나게 늘어날 때라서 그쪽에 좋은 재료들이 많이 들어왔어요. 그런데 좋은 재료들이 많이 나오는데 여기서는 거기껄 사질 못하니까, 그럼 한번 구경 좀 가보자고 해서 몇 번 왔다 갔다 하다가, 거기서 부산 여자를 만났죠.

사모님을 만나신거네요.

그때 당시 국제고무, 삼화고무, 진양 이런 데가 수출이 막 엄청나게 해서 괜찮았었어요. 재료들이 거기로 가고, 이쪽 사람들은 재료도 잘 못 구하고 그랬어요. 그래서 저도 재료 구하려고 친구랑 내려갔어요. 그런데 재료 나오는 공장 입구 근처의 식당을 장모님이 하고 있었어요. 식사를 하면서 누구를 만날까, 어떡할까, 그러는데, 제가 장모님한테 “싸게 잘 데 없어요?” 물어보고 그러니까, 넷째 딸을 옆에다 앉혀놓고, “아이 야, 니가 안내 좀 해주고, 같이 가서 알려주고 그래라.” 그러니까 옆에 따라다니면서 안내해주고 그런 거죠. 딸이 일곱이었어요. 자연히 같이 쫓아다닌 거예요.

잘나가는 사업가라고 생각하셨네요?

제가 재료를 사러 서울서 부산을 오는데 빨리 올라가서 일을 보고 장사를 해야 되니까 비행기를 타고 왔다 갔다 했어요. 지금은 엄격했지만, 그때는 가방 하나 덜렁 메고 공항에 가서 표 하나 그냥 달라고 하면 줬었어요. 없으면 좀 기다리고, 비행기표 달라고 하면 주더라고요. 그리고 웬만하면 그렇게 기다리지 않고 가서 표를 달라면 주더라고요. 비행기 타고 내려가서 공장 창고 옆에 그 식당가서 늘 보고 그러니까, 가면 자연히 “왔냐?” 하고 그랬죠.

당시 부산에서 수출을 많이 했으니까, 오히려 국내로 잘 안 풀었나 보네요?

잘 안 풀었어요. 그래서 제가 재료를 사다가 여기 염천교에다가 팔고 그랬어요. 장모님이 공장 직원들을 잘 아니까, 연결도 해 줬어요. 가면 조금밖에 못 사는 거예요. 가면 본전을 뽑아야 되는데요. 제꺼 쓸 것만 갖고 올 게 아니라, 창 같은 것도 그까지 갔는데 100켤레만, 제가 쓸 것만 사오지 않잖아요? 1,000켤레 사다가 우리가 쓸 것은 쓰고서, 나머지는

깔창을 설명하는 구술자

다른 피혁집에 갖다가 팔죠. 나중에는 아예 화물차로 올려 보냈어요. 올려 가지고 제가 쓸 것만 빼놓고선 팔았어요. 거기도 재료를 조금 구하면 너무 시시하게 보고 상대도 안 해주거나 안 팔려고 하니까, 안 되겠다 그래갖고서 피혁점 것까지 나눠서 팔은 거예요.

그때는 구두 만드는 사람이 신랑감으로서 인기가 어땠나요?

인기 좋았죠. 장모님이 보기에도 일단 공장을 하는 사람이고, 한 20~30명 데리고 공장을 하고, 비행기 타고 왔다 갔다 하는 사람이 드물 때였죠. 재료상 이외에는 새마을 열차 타고 몇 시간씩 내려와서도 재료를 사러 내려오는 사람이 많지가 않았죠. 그런데 공장을 하면서 재료를 산다고 그러니까는 꽤 크게 하나보다 생각했죠. 또 거기 가서는 제 자랑 좀 하느라고 뻥도 좀 치고요. 장모님이 잘 봐갖고 인기가 좋았죠. 장모님뿐만 아니라 여기서도 선봐라, 저기서도 선봐라 하고 그랬죠. 연애할 시간은 안 되니까 장모님이 고속버스 표 없으면 한진 그레이하운드로 저랑 같이 올려 보내서 둘이서 차타고 서울 구경도 하고 오라고 그러기도 했어요.

튼튼한 신발 만들기에 주력하다.

창업하시고 난 다음에 어떤 제품들을 개발하셨나요?

저는 손으로 꿰매는 걸 했어요. 아까 얘기한 김병근 선배님 만나고 그러니까 더 잘 됐죠. 그 분이 기계도 잘 알고, 꿰매는 기계도 갖고 있었고, 다른 사람들이 전부다 뾰족한 구두, 하이힐 할 때 저는 싸우기도 싫고, 나 편한 길로 갔던 거죠. 그 전에는 결혼하자마자 돈도 좀 생기고 쌓여져 가니까는 명동의 싸롱화, 지금은 뭐 법적으로 걸려서 못하지만 그때는 루이비통, 샤넬, 가르방, 이런 걸 간판에 해서 명동 구둣방에다 걸어놓고 팔아도 상표권 갖고 뭐라 하지 않았거든요. 란빈, 가르방, 입생로랑, 그렇게 간판을 걸어놓고 명동에서 팔았었어요. 그런데 그렇게 들어가서 했다가 한 3년 만에 다 털렸죠. 제가 세련된 걸 잘 못해서 그랬거든요. 일하다가 자꾸 찐바(불량)나고, 기술자들도 주문을 받아놨는데 소화를 못하니까, 물어주면 큰 손해가 나고, 자꾸 그런 일이 일어나니까 "아, 이렇게 봐야겠다." 이런 것이 한 2년 하면서 다 그냥 "일찍 접어라."하고 집에서는 야단인데, "무슨 소리야? 여기 들어왔으니까 끝을 봐야지." 하고 그냥 하다가 결국은 다 털렸죠. 그리고 어차피 공장은 마포에서 했었으니까요. 가게를 접고 공장만 하되, 다시 옛날 것으로, 편하고 튼튼한 거, 캐주얼 쪽으로만 하자고 한 거죠. 꿰매는 신발이 주력인 거죠. 그리고 김병근 선생님 살아계실 때에는 기계로 하다가 그 분 돌아가시고 지금은 하는 수량이 얼마 안 되니까, 다시 손으로 좀 꿰매고 있죠.

그 다음에 또 개발하신 건 없나요

안전화를 만들었어요. 중동특수 때 만든거에요. 그때 한 몇 컨테이너 해서 팔았죠. 리비아에서 군인들도 신으면서 모래 폭풍에도 강한 안전화죠. 군화라고 보면 돼요. 군화공법하고 똑같이 하는 거니까. 꿰매고 뭐하고, 접착제는 열에 떨어지잖아요? 열에 떨어지지 않게끔 꿰매는 방법이에요. 한 1년 정도 한 거 같아요. 오래는 안 됐죠. 그때 당시는 아무나 할 수 있는 게 아니어서요. 기계 장비가 많아야 됐어요. 아래로 꿰매는 것, 칼날로 따다닥 짜르는 것, 기계장비가 다 있어야 돼요. 그런 장비를 갖고 있는 사람이 많지가 않아요. 저는 그걸 다 갖춰서 해서 했죠.

인생 최대의 위기, 홈쇼핑의 '갑질'

잘 팔렸나요?

초반에는 잘 됐어요. 또 어떻게 하다보니까 대기업에서 보더니 "아, 자기네하고 한번 해보자." 그래갖고 계약해갖고 한 3~4년간은 거기만 독점으로 주기도 했어요. 젊은 사람들 많이 신고 다니는 닥터마틴[09]이라고, 창 이렇게 두꺼워갖고 군화처럼 생긴 신발들 있죠? 그런 거였어요. 시커먼 군화도 나오고, 샌들도 나오고, 단화도 나오고, 생고무창이 이렇게 두껍게 나온 거 있어요. 그런데 어느 날부터 주문을 안 주길래 "이상하다, 이상하다." 하고 가서 보니까 중국에서 딱 해왔더라고요. 그래서 "얘기라도 좀 하자, 나도 대비라도 좀 하게, 대비도 못하게, 그렇게 날라가서 해 버리냐?" 그래갖고 거기 또 그만뒀죠. 제일 많이 망가진 것이 홈쇼핑 할 때였어요.

---

09 영국의 신발 브랜드이다. 1947년 독일에서 시작하여 1960년 영국에 인수되었다. 중창에 공기가 들어가는 에어쿠션을 적용한 구두를 선보여서 큰 인기를 누렸다. 군화 스타일의 제품이 많다.

막 활성화가 되니까, 매출이 많이 나오더라고요. 일주일에 그냥 2~3억씩 이렇게, 한번 딱 방송하면 그래요. 그렇게 해갖고서 네 번 정도 했는데, 잘 팔렸어요.

무슨 신발이었는데요?

샌달 구두, 꿰맨 거였어요. 그걸 쇼호스트가 들고서 "이런 신발은 축구를 차도, 물에 들어가도, 가죽으로 만들은 구두가 괜찮다." 그렇게 방송을 하니까 한 시간에 2억씩 4,000켤레씩 나가고 그러더라고요. 3~4번 방송을 하니까 '아, 이거 벤츠 타나.' 싶을 정도로 그렇게 잘 팔리는 거예요. 그러더니 나중에는 2003년쯤 되니까 딱 방송을 안 잡더라고요. 그러더니 "이거 급하다, 이렇게 팔리는 제품이 없다." 준비를 해놓으라는 거예요. 2,000족을 창고에 넣고 입고확인증 갖다 주면 그때 방송을 잡아준다는 거였어요.

미리 신발을 만들어놔야 방송을 해주네요?

자기네 창고가 용인에 있었어요. 용인에 가서 창고에 딱 입고하면 창고장이 확인을 해요. 몇 사이즈 몇 칼라 주문대로 딱 입고되었으면, 예를 들면 2,000족, 그러면 그걸 보고서 방송을 잡는 거예요. 하나라도 비면 안 잡아줘요. 그래서 그 날짜 맞추느라고 밤새고 그래야 돼요. 그렇게 해서 방송에 살 나가서 네 번씩이나 성공했으니까, 대박 터트리니까, 준비하라는 거죠.

그래서 준비는 그 다음 주, 또 그 다음 주, 연이어서 틈이 없었어요. 2,000족, 또 2,000족 하니까 4,000족, 그러면 재료는 벌써 주문이 또 들어가 있어야 1~2주일 만에 나오죠. 그때 가서 주문해갖고는 조달이 안 되거든요. 그렇게 준비하니까 6,000족씩 넘어가고 그래요. 5~6만 원짜리죠. 그런데 생산은 2,000족 해놨지, 들어가는 게 또 2,000족이지, 여기에 또 준비해 놓고 생산하고 또 있고, 이러는데 "본사가 지금 정신없습니다, 우리 만날

시간 없습니다."이러고 자꾸 피하고 날짜는 안 잡아주더라고요. 한 달이 후딱 가는 거예요. "내일 보자", "다음 주 보자", 다음 주면 벌써 몇 주가 지나가잖아요. 그렇게 놓고선 "올해는 안 되겠다. 내년에 하자" 그렇게 하니까 한방에 무너진 거죠.

4,000족을 쌓을 데도 없고, 박스랑 속박스에 넣어서 아웃박스 해갖고 20족씩 넣어서 해갖고 쌓았는데, 50평짜리 창고만 해도 두 개를 빌렸는데 그것만 해도 얼마예요? 그렇게 했는데 끝끝내 안 잡아주더라고요. 그 해에는 자기네 내부사정인지 "미안하다, 내년에 잡아주겠다." 그런데 내년에 잡아주면 뭐해요. 그때까지 저는 손 놓고 있는거죠. 그래서 어쩔 수 없이 그 다음 해까지 기다렸는데 그 다음 해에도 안 해주더라고요. 그러니까 그냥 망해버린 거죠. 그 다음에는 홈쇼핑이랑 일은 안하기로 했어요.

그 많은 신발은 다 어떻게 하셨어요?

그래서 그 남은 신발은 아프리카로 기증을 해버렸어요. 제가 교회를 다녀요. 그래서 아프리카에다가 한 2,000족 정도 보내버렸죠. 그런데 또 홈쇼핑에서 뒤로 몇 사람을 보냈어요. 엠디를 시켜서 싸게 달라는 거예요. 제가 열 받아서 안 판다, 어차피 다 털린 건데, 밥만 먹으면 되지, 안 판다고 해버렸어요. 그리고 돈이 좀 아쉬우니까 한 1,000족 정도는 청계천 시장에는 잘 아니까 거기에다가 팔고, 한 2,000족 정도는 아프리카로 보내고, 그때 우리 교회에 가나인가 가봉인가, 대통령이 와서 도와달라고 했던 그런 일이 있었어요.[10] 나머지는 이웃에 동네잔치 다 했죠. 동네 사람

10 가봉의 오마르 봉고(Omar Bongo) 대통령이 한국을 방문한 것은 1975년, 1984년, 1996년, 2007년 총 4회였다. 봉고 대통령은 1973년부터 2009년까지 42년간 가봉을 통치하였고 아프리카통일기구(OAU) 의장을 지냈다. 2007년 8월 방한 당시 노무현 대통령에게 양국 간의 경제협력과 한국 기업들의 투자 확대를 요청하였다. 가나의 존 쿠푸어(John Kufuor) 대통령은 2006년 11월 한국과 가나·나이지리아·콩고·베냉·탄자니아 5개국 간에 개최된 제1차 한·아프리카 포럼 참석을 위해 방한하

200명 아유회 가는데 그냥 "이름, 사이즈, 다 불러라." 그래갖고 다 나눠주고, 동네에서 우리 신발 안 신어본 사람 없죠. 그리고 또 남는 거는 조금 기스 난 거, 사이즈 처지는 것, 이런 거 있으면 다 나누는 거예요. 다들 좋아라 하죠. 거기서 많이 뭉그러지는 바람에 '아예 마음을 비우자, 내가 가진 것, 나한테 있는 거, 그냥 나눠주자.' 그랬죠.

맞춤깔창을 통해 재기를 꿈꾸다

튼튼한 신발, 꿰매는 신발에 대한 자신감이 있으신 거 같아요.

꿰매는 신발 대부분이 '랜드로바'라고, 우리가 알기를 '편한 신발'이라고 하죠. 그래서 그쪽에다 맞춘 거죠. 어떤 사람은 7~8년을 신고 여길 와서 창만 좀 닳았다고 수리해달라고 와요. 그런 사람들 많아요. 닳아서. 가죽이랑 꿰맨 것은 멀쩡한데 창이 닳은 거예요. 그런 사람들이 지금까지도 와요. 그래서 이 맞춤깔창을 하게 됐어요. 홈쇼핑 때문에 무너지고 나서 '뭘 해야 되나'하고 있다가 세브란스 병원에서 친구가 맞춤깔창 납품을 한다는 말을 들었거든요. 그런데 못 만들고 있다고 그러네요. 그래서 제가 "아, 나 그거 맨들 줄 안다." 다른 친구한테서 어깨너머로 배웠거든요. 그 친구한테 가서 슬금슬금 배우다가 제가 그대로 맞추는 걸 해달라고 몇 천만 원 주고 기계 맞춰서 공장에다 차려놨어요. 그래서 세브란스에 주문을 맡으러 갔는데, 처음에는 완전히 그냥 머리빡 치는 거더라고요. 환자가 아침에 와가지고서, "안 맞으니까, 다시 와라." 그러지, "삐뚤어졌다, 점심 때 와라." 이러니까 가서 기다렸다가, 의사선생님 상담 끝나면 기다렸다가

였고 노무현 대통령과 정상회담을 가졌다. 구술자가 말하는 부분은 국내 교회들이 자발적으로 추진하였던 아프리카 선교 활동이나 물품 원조 사업으로 생각된다.

맞춰보고, "이렇게 고쳐 달라." 그러다가 "저렇게 고쳐 달라." 하면 한두 시간 가고, 또 집에 오면 서너 시간이 그냥 홀랑 가버리죠. 시간이 안 맞으면 하루가 가버리고. 환자들이니까 발이 부었다, 내렸다 하죠. 정신이 없는 거에요. 한 켤레를 주문 맡아도 환자니까 병원 예약 시간에 가야 되요. 이러니까 이거는 한 켤레 만드는 데 하루가 갈 수가 있고, 더 갈 수도 있어요. 그래서 그냥 기계고 뭐고 그냥 다 팔아버리고 관뒀어요.

그러다가 제가 재작년에 집에 CCTV가 조금 삐뚤어진 것 같아서 바로 고친다고 사다리 타고 올라가다 넘어져서 팔목뼈가 부러졌어요, 원룸 완공하고 나서였는데 한두달 입원하고 깁스에 철심을 박고 있었는데, 보니까 그 전보다 세브란스 석고붕대가 만들기 쉬워졌더라고요. 물 탁탁 축여가지고 삭 감으면 5분이면 싹 마르고 그대로 쏙 빼면 딱 끝나요. 너무 간단하고 잘 나와요. '이거다.' 그래서 그것 좀 알려달라고 했죠. 제가 신발 깔창 만들 줄 아는데 석고붕대 가지고 주문만 맡겨주면 금방 만들어 줄 수 있다고 했죠. 명함 주고 통사정 해가지고 병원에 갖다 보여줬죠. 몇 배가 빠르고 쉽고, 돈도 적게 들으니까 다시 하자고 그랬죠. 다른 건 중국 구두가 다 팔잖아요. 그런데 맞춤깔창만큼은 본인 발을 찍어서 본인이랑 똑같이 나오니까 해외제품이 안 통하잖아요. 그래서 요즘은 이거 때문에 좀 바빠요. 아픈 분들이 계속 와요. 제주도에서도 오고요, 속초, 전라남도 광주, 호주에서도 오시고, 어떤 교포분이 왔다가 여기서 보시고는 한꺼번에 2~3켤레 만들어 가고, 요번에 뉴욕에서 오신 분은 한꺼번에 8켤레 만들어 가고, 독일에서 수간호사 하시는 분도 오고 그랬어요.

네, 장시간 인터뷰에 응해주셔서 감사합니다.

"구두는 사람 손이 들어가야 돼요"

| 박재열 |

주요약력	1935년 전라남도 나주 출생
	1950년 고모부가 운영하는 광주 삼창양화점에서 구두일을 시작
	1951년 서울 상경
	1953년 부산 신신양화점 근무
	1969년 명동 올림피아 근무
	1987년 명동 에스콰이어 근무
	2003년 염천교에서 구두일 시작

면 담 자	김영미(국민대학교)
면담주제	염천교 구두장인들의 일과 삶
면담일시	2018년 10월 27일
면담장소	염천교 수제화 거리 세븐웰 가게

광주 고모부 양화점에서 어깨너머로 배운 구두

이번 면담은 '염천교 구두장인들의 일과 삶'이라는 주제로 실시하는 서울역사편찬원의 구술채록 사업입니다. 오늘은 염천교 양화점 세븐웰에 계시는 박재열 선생님을 모시고 말씀을 나누겠습니다. 안녕하세요. 박재열 선생님. 우선 선생님의 유년 시절에 대해서 이야기해주십시오. 선생님의 고향이 어디인지, 어릴 적 가족과의 이야기나 학창시절의 추억이 있다면 말씀해 주십시오.

박재열이라고 합니다. 1935년 4월 27일생입니다. 전라남도 나주 성북동城北洞에서 태어났어요. 나주국민학교와 나주중학교를 다녔지요. 중학교는 전쟁이 나면서 2년까지만 다녔어요. 어릴 적 저희 집이 고향에서 부자였다고 해요. 할아버지가 머슴 3명 데리고 농사를 지었어요. 마차도 끌고 다녔고요. 제가 어렸을 때 저희 집이 농사를 지을 때에는 동네 사람들이 다 와서, 너나할 것 없이 와서 일하려고 오고 그랬어요. 품삯을 후하게 줬나 봐요. 그러다가 할아버지 돌아가시고, 아버지가 멋쟁이 노릇하고 술을 좋아하시다가 논밭을 다 팔았어요.

구두일을 시작한 계기가 있었나요?

제가 6·25전쟁 때 중학교를 다니고 있었어요. 우리 형님이 서울에 있었는데 학비를 벌어줬죠. 그런데 군대에 강제로 끌려가는 바람에 학비를 못 주게 됐어요. 당시에는 나이를 속여도 잡혀가는 때였거든요. 그래서 할 수 없이 학교를 중퇴하고 집에서 노니까 고모부가 가게를 봐주라고 그러더군요. 고모부가 광주에서 양화점 가게를 크게 했거든요. 아버지가 11남매인데 막내 고모였어요. 거기서 심부름하다 보니까 이 일을 하게 됐죠. 그때가 17살 무렵이었어요. 전쟁은 어느 정도 끝난 다음이었어요.

양화점 이름을 기억하시나요?

삼창양화점이에요. 60년이 지났지만 기억하고 있어요. 광주 중앙동 충장로忠壯路에 있었어요. 그때 당시에 제가 기억하기로는 여자 신발 만드는 사람이 2명, 남자 신발 만드는 사람이 3명, 그리고 밑에 제자들이 있었죠. 선생이 제자를 2명 정도씩 데리고 있었어요. 다 합해서 대략 15~16명 정도 있었어요.

일은 어떻게 배우셨나요?

젊은 시절 구술자(구술자 제공)

거의가 어깨 너머로 배웠죠. 기술자들이 가게 뒤쪽 칸막이 같은 곳에 들어가서 일을 했어요. 제가 가게를 왔다갔다하면서 자꾸 보니까 재미나게 일을 해요. 옛날에는 이 구두일이 어려웠어요. 손으로 일일이 다 꿰매었죠. 바늘이랑 송곳으로 다 했죠. 본드로 붙인 곳이 없었어요. 어렵긴 했어도 재미가 있게 보이더라고요. 어깨 너머로 자꾸 보다보니까 배우게 됐던 거죠. 그리고 할머니가 "사람은 기술을 배워야한다. 기술이 없으면 안 된다." 그 말씀 자꾸 하시더라고요. 그런가보다 생각하고 있는데, 또 옆에서 바람을 넣는 거예요. "야, 기술 배우면 서울 가서도 좋다." 제가 당시에는 어리고, 17살이니까 솔깃했죠. 그러다보니까 자꾸 보고, 배우게 됐어요.

고모부께서는 어떻게 해서 구두 일을 배우게 되셨나요?

왜정시대부터 배웠다고 알고 있어요. 일본 사람이 그곳 가게를 가지고 운영을 하는데, 고모부가 거기서 일도 배우고 하고 있었어요. 기술자로요.

해방 되니까 일본 사람이 가면서 가게를 다 인계 했데요. 고모부가 착실하니까 그랬다고 해요. 일본 사람들은 돈하고 몸만 빠졌나갔죠. 그래서 그 가게를 운영하게 된 거죠.

그 양화점에 다다미방 같은 일본식 구조가 있었나요?

제가 갔을 때 다다미방은 없었어요. 다 온돌로 깔려있더라고요.

거기서 얼마나 계셨어요?

2년 배웠어요. 왠만한 기술은 어깨 너머로 다 익혔죠. 직접 제작도 해봤어요. 고모부가 밀어주기도 했고요. 제가 만들어서 선생님들 갖다 보여주니까 "여, 이 자식, 이 어린놈이 머리가 상당히 좋네. 이거를 만들었어? 손재주 좋네. 제대로 안 배웠는데도 신발 다 만들었네." 그러더니 "서울로 올라가자."고 했죠. "서울로 가서 기술을 더 마스터 해야 된다."고 그랬죠. 그렇게 해서 19살 때 서울로 올라왔어요.

서울로 올라온 시절, 크게 유행했던 해군 단화

전쟁 중이었어요?

휴전하기 전이었어요. 1951년이었죠. 올라와가지고 서울에 2년 정도 있을 때 휴전이 됐어요.

1951년도에 서울에 올라왔을 때 기억이 어땠나요?

많이 부서져 있었죠. 명동 같은 데는 도로변 뒤에는 다 부서져 있고, 앞에만 치장해서 가게를 열고 그랬어요. 불탄 곳도 많았어요. 전철도 한 칸짜리, 두 칸짜리가 땡땡땡 하고 앞에서 땡땡땡 하고 뒤에 땡땡땡 하고

서울 수복 후 폐허가 된 시가를 청소하는 시민들

그랬어요. 청량리로 갔다가 영등포 왔다 갔다가, 그랬죠.

서울에 오셨어도 폐허가 된 상태라서 서울이 좋다는 생각이 크지는 않을 수도 있었겠네요?

그래도 시골보다는 좋았어요. 서울은 서울이니까요. 도시가 깨끗하든지, 어찌하든지, 서울은 서울이거든요. 시골에서 올라와서 보니까 시골보다는 훨씬 낫죠.

서울에 오실 때는 누구랑 같이 오셨어요?

저 혼자 왔어요. 그때 돈 250환이면 서울까지 왔었거든요. 노량진으로 갔죠. 그때 18년 선배가 있었는데 거기서 양화점을 하고 있었어요. 칠성양화점이라고 있었어요. 그래서 그 선배한테 취직 좀 알아봐달라고 했죠. 그러니까 다음날 영등포역 앞에서 내려오면 시장이 있어요. 그 앞으로 같이 갔죠. 거기에도 구둣가게들이 많이 있었거든요. 이름이 워싱턴인지 보스턴인지, 잘 기억은 안 나요. 거기에 딱 취직을 시켜 주더라고요.

제가 지금은 이렇지만 당시에는 체격이 좀 큰 편이었어요. 우락부락했고요. 그래서 나이를 속였지요. 기술계통은 솔직히 나이 어리면 옛날에는 잘 안 알아줬어요. 그렇게 한 3~4년을 나이를 올렸지요. 23살이라고 했죠. 구두일 배운 것도 5년 됐다고 했죠. 그랬더니 내일부터 나오래요. 그래서 작업복 준비하고, 연장은 내가 가지고 올라왔으니까 그거 갖고 갔죠.

그렇게 처음에 가니까 일감으로 해군 단화를 주더라고요. 검정색 해군 단화, 그때는 그런 모양이 잘 나갔거든요. 그럼 신발을 탁 보고 어떻게 만들었는지 싹 보고, 저도 솜씨를 발휘하죠. 그러니까 사장이 그거 보고 또 일감을 주는 거예요. 만드니까 이튿날 딱 나갔는데 괜찮거든요. 자꾸 그렇게 나가고, 저도 열심히 만들고, 시키는 거 잘 하고, 거기서도 2년 정도 했어요.

얼마나 많이 버셨나요?

거기서 돈 많이 벌었죠. 왜냐하면 그때 당시 하숙비가 1달에 6,000원이었어요. 영등포에 있을 때요. 그 때가 전쟁할 때에요. 그런데 하루에 버는 공전이 1,800원이었어요. 하루에 3켤레씩 3일 일하면 방값이 됐어요. 그러면 나머지 25일 일한 건 제 돈이 되는 거예요. 그래서 그 돈을 번거는 고향으로 다 부쳤어요. 2년, 아니 3년 가까이 그랬죠.

당시 해군 단화 같은 게 유행이었어요?

예, 그랬죠. 가짜라도 좋아했었죠. 촌사람들 올라오면 가짜도 진짠지 알고 신어요. 그러니까 우리도 해군 단화처럼 만들어야 되는 거죠. 우리는 전문가니까 딱 보이지만 일반 사람들은 해군 단화라면 그런줄 알아요. 구두 안이고, 바깥이고, 다 똑같이 만드니까요. 그런데 그것도 새 것은 안 팔려요.

한 번도 안 신었던 신발이 안 팔린다고요?

안 신는 신발을 갖다 놓으면 잘 안 팔려요. 왜냐하면 진짜 해군 단화라고 믿지를 않거든요. 그래서 그거를 신고 뒤에 뜰에 가서 흙밭이랑 자갈밭, 아스팔트 말고요. 거기서 막 신고 다녀요. 그러면 바닥에 약간 흙이 묻고 돌에 벗겨져요. 미군 신발, 육군 단화나 해군 단화는 바닥이 다 가죽이에요. 노란색 가죽, 일명 홍창이라고 있어요. 홍창을 꿰매요. 본드가 없을 때니까 안 그러면 창이 떨어지거든요. 그렇게 내 놓으면 틀림없이 해군 단화가 돼요. 모르는 사람들은 다 놀래요. 시골 사람들이 오면 해군 단화, 해군 바지, 청바지, 미군 청바지를 찾았어요. 그때는 유행이었어요. 그거를 사 신고 시골 가면은 알아줘요. 시골서는 그런 거 입고 목에다 힘주고 다녔어요.

그런 것들이 원래는 미군 부대를 통해서 나온 건가요?

해군 단화

그렇죠. 그거 사기가 좀 힘들어서 그렇지, 미군만 통하면 가능한 거죠. 남대문시장 가면 파는 청바지나 국방색 옷, 군복 와이셔츠, 그런 거 참 따뜻하고 좋아요. 거기에다 해군 단화를 딱 신는 거죠. 그렇게 입고 가면 시골에서는 알아줬어요. 진짜 해군 단화를 팔기도 하는데 부족하니까 우리들이 만들어 파는 거죠. 가짜를 만드는 거예요. 똑같이 생겨서 잘 팔렸어요. 가게 사장들이 그것만 열심히 잘 만들어 주면 좋아했어요.

휴전 후 부산 남포동에서 일했던 일화

영등포 공장에서 나와서 어디로 가셨나요?

영등포 공장에 2년 정도 있었는데, 이제는 좀 더 큰 데로 가자고 생각했죠. 그래서 부산으로 내려갔어요. 남포동으로 가서 취직을 했어요. 그때 당시는 서울에서 온 기술자라고 하면 알아줬거든요. 휴전 후에도 거기는 굉장히 번화했어요. 부산이 임시 수도였어요. 남포동은 서울 명동하고 똑같았죠. 거기 신신양화점이라고 있었어요. 남자 신발 만드는 사람 6명, 여자 신발도 비슷하게 있었어요. 큰 가게였죠. 거기서 4·19랑 5·16까지 있었죠.

서울에서 부산으로 가셨을 당시에는 부산이 더 번화했죠?

부산이 더 번화했죠. 폭격 맞은 데가 없으니까요. 진짜로 그때 당시 남포동에 들어가서 딱 보면 으리으리했어요.

부산의 신신양화점에 가셨을 때 구두일은 어땠나요?

그때 당시 구두일 하는 사람들 벌이가 좋았어요. 남포동에 들어가서 소갈비나 돼지갈비 1대 뜯으려면 200환이에요. 1,000환이면 5대를 뜯는데 이가 아파서 못 뜯어요. 공기밥 1그릇이 100환이에요. 그런데 구두 공장은 공전이 1켤레는 얼마냐면 1,470환이에요. 1켤레 만들면 실컷 먹고도 남아요. 하루에 100족씩 나오니까 선생이 하루에 6~7켤레를 만들었어요. 당시 10원 짜리가 제일 큰 돈이었어요. 1만원이 10원 짜리로 다발인 거죠. 사장이 봉급 때 돈을 몇 다발씩 손에다 쥐어 주는 거죠. 요즘은 100만 원이라도 몇 장 안 되잖아요.

엄청나네요?

가방 가지고 가게 2층에 옥상으로 가면 평상 마루가 하나 있어요. 그럼 사장이 와서 가방에 돈 딱딱 다발로 척척 넣어 줬죠. 가방이 땅땅해졌죠.

그러면 1달이 아니라 1주 단위로 줬나요?

켤레 당 1,470환 줬는데 1주가 아니라 15일에 1번씩 계산 했어요. 15일 계산하고 하루 쉬고, 또 15일 간 일 하고 초하룻날 하루 쉬고, 그러니까 16일 날 쉬고, 초하루 쉬는 거죠. 그렇게 해서 1달에 2번 받았어요.

쉴 때는 뭐 하셨어요?

극장에 주로 많이 갔죠. 극장에 불 꺼지면 담배도 안 피고 술도 안 먹으니까요.

많이 번 돈은 다 어떻게 하셨어요? 그 돈을 벌어서?

많이 벌어서 집에다가 갖다 줬는데 우리 작은 형님이 사업하다가 사기 맞아서 다 없애버렸어요.

당시에 남자는 해군 단화가 유행했는데, 여자는 무슨 신발이 유행했어요?

여자 신빌은 삐쭉한 형태가 인기였어요. 미식이라고, 코부리가 뾰족한 것들이에요. 옛날 사투리 말로 삐쭉하다고 해서 뽀삐라고 했어요. 그거하고 캐주얼 구두, 동글동글해서 편안한 운동화 형태, 그걸 주로 많이 신었어요. 지금처럼 다양하지는 않았죠.

그때 그런 여자 신발을 신는 사람들은 어떤 사람들이에요?

아무래도 돈 있는 사람이 신었어요. 돈 없는 사람은 못 신었죠.

젊은 여성들이 신었어요?

대부분이 젊은 여자들이었어요. 삐쭉한 신발들이기 때문에 젊은 사람들이 신었어요. 젊은 멋쟁이들이 신었던 거죠.

구두 가격이 어땠나요?

당시에 구두 1켤레에 2,700~3,700원 정도? 제가 알기로는 그랬어요.

나주 양화점을 개업했던 일화

부산에 있다가 어디로 가셨나요?

광주로 또 갔죠. 고향이 그쪽이기도 하고요. 우리 고모부 집에 간 김에 가게도 가봤는데 일을 해달라는 거예요. "너 부산에 있다면서? 가지 말고 집에 와서 일 해라."라고 그랬죠. 거기서 또 일을 하게 됐어요.

삼창양화점이었죠?

네, 맞아요. 거기서 한참을 그렇게 하다 보니까 머리가 좀 돌아가는지, 가게를 내고 싶은 거예요. 구두 가게를요. 그래서 원래 제 고향이었던 나주에서 가게를 하게 됐는데 꽤 괜찮게 되더라고요. 현대양화점이라고 했었죠. 거기는 큰 가게도 없고, 제가 직접 하니까요. 광주에서 왔다고 하니까 인기가 있었어요. 나주에서는 알아줬어요. 결혼도 거기서 했어요. (아내) 집이 양장점을 했었어요. 두 사람 다 가게를 갖고 있었던 거죠.

1960년대였죠?

예, 그런데 한참 하다가 돈을 또 까먹었죠.

이번에 무슨 일이었나요?

그때도 우리 작은 형님 때문에 또 까먹었어요. 나주 가게는 장사가 좀 잘 됐어요. 나주의 중앙동에서 했거든요. 주변에 건물도 살 돈도 모아놨었죠. 250만 원 정도면 도로변에 가게나 집을 한 채 살 수 있었던 시절이었어요. 그런데 작은 행님 뭐 좀 한다고 돈을 가져가더니 함흥차사가 돼 버렸어요. 형제간이니까 저는 뭐 믿어버렸죠. 결국 건물도 못 사고 작은 형님도 자꾸 돈을 빼가고, 형님한테 돌려달라고 하기도 그렇고, 가게는 또 안 되고, 딱 때려치우고 서울로 또 올라왔어요.

양화점 운영하실 때 밑에 직원도 두시고 그러셨어요?

3명 있었어요. 일을 조금 할 줄 아는 사람, 젊은 또래라도 일 좀 열심히 해주는 사람들 썼죠.

그때는 직원 구하기는 쉬웠어요?

어려웠어요. 왜냐하면 기술자들이 될 수 있음 시골로 안 오려고 그러거든요. 도시로 가려고 하지, 시골은 안 가려고 해요. 지금도 번화한 데가 있으면 거기로 가죠. 광주는 시市지만 나주는 그때 당시로 읍 단위니까, 시골이니까 사람 구하기가 힘들었어요. 돈도 많이 써가지고 선금도 많이 줘야했죠.

최전방 문산에서 일하며 만난 미군과 '양색시'

나주에서 양화점은 몇 년 정도 하셨나요?

26~27살에 결혼하면서 3~4년 정도 있다가 가게를 정리하고 다시 서울로 또 올라왔어요. 그 무렵 막 나라에서 화폐 교환[01]을 했었거든요.

1962년에 있었던 화폐개혁을 말씀하시는 거죠?

아마 그럴거예요. 장도영[02]인가 박정희 때였는데, 화폐 교환을 100대 1로 했어요. 그때 돈을 좀 가지고 있었는데 한 사람 당 얼마 밖에 안 바꿔줬어요. 100만 원 있으면 10만 원밖에 안 바꿔줬어요. 그래서 여기저기서 막 돈을 맡겨가지고 처갓집에 가서 식구대로 나눠서 바꾸고 그랬어요.

화폐개혁을 할 때 크게 손해 보셨어요?

손해는 안 봤죠. 다 바꿨으니까요. 딴 사람들도 다 그랬어요. 어쨌든 서울로 올라왔는데 바로 거기서 안 하고 전방으로 갔어요. 문산汶山이요.

왜 문산으로 가신 거예요?

그 당시 거기도 번화했거든요. 미군들도 굉장히 많고, 양색시[03]들도 몇 천 명씩 있었거든요. 일요일이 되면 문산 시내에 사람들이 꽉 찼어요. 구두 가게가 잘 되는 거예요. 양색시들이 다 맞췄어요. 양색시 손님들이

---

01 1962년 시행되었던 화폐개혁을 말한다. 당시 정부는 〈경제개발 5개년계획〉을 수립하고 그것을 효과적으로 달성하기 위한 통화신용 및 외환정책 등 각종 지원책이 필요했다. 이를 위해 1962년 6월 10일 긴급통화조치와 긴급금융조치를 단행하고 '환' 표시의 화폐를 '원' 표시로 변경(10환→1원)하고 환의 유통과 거래를 금지하였다. 또한 구권 및 구권으로 표시된 각종 지급수단을 6월 17일까지 금융기관에 예입토록 하였다. 아울러 후속조치로 금융기관의 신규예금은 물론, 기존예금에 대해서도 동결토록 하였다.

02 장도영(1923~2012)은 1946년 군사영어학교를 졸업하고 육군 소위로 임관하였다. 1961년 5·16군사정변 당시 육군 참모총장이었는데 박정희 소장이 일으킨 쿠데타에 대해 모호한 태도를 취하였다. 쿠데타 직후 계엄사령관, 국가재건최고회의 의장, 내각수반, 국방부장관으로 추대되었지만 같은 해 6월 정변 주체세력에 의해 해임되고 8월 중장으로 예편되었다. 10월 반혁명 혐의로 기소되어 1962년 3월 무기징역을 선고받았으나, 5월 형집행면제로 풀려났다. 그후 미국으로 건너가 미시간대학에서 정치학 박사학위를 받았고 웨스턴미시간대학교에서 1993년까지 정치학 교수로 재직했다.

03 미군들을 상대로 매춘하는 여성을 속되게 이르는 말이다.

진짜 많았어요. 일요일이 되면 가게가 양색시들이 그냥 꽉 차요. 아침 10시 반부터 시작하면 2~3시까지는 북적였어요. 우리 집사람도 나주에서 서울로 왔는데 양장점 일이 안 되니까 2년 정도 이따가 문산으로 같이 갔어요. 저는 처음 2년은 하숙했었죠.

그 분들이 돈이 많았나요?

돈이 많았다기보다는 없던 사람들이 갑자기 돈이 생기니까 그런 거 같아요. 시골에서 온 아가씨들도 많았죠. 그리고 미국 사람이면 수준이 높은 줄 알고 그랬는데, 사실 겪어보니까 그렇지 않았어요. 국민학교 겨우 나온 사람들, 안 나온 사람이 태반이에요. 자기 이름도 제대로 못 쓰는 사람들도 많아요. 무식한 사람들 많았어요. 미국 시골에서 온 사람들은 우리보다 수준이 얕은 사람도 많아요. 그런 사람들이 예쁜 아가씨들 보니까, 막 눈이 뒤집어 지는 거예요.

명동 구둣방만큼 잘 나갔겠네요?

그렇진 않았어요. 하루에 20~30개 정도 나갔어요. 꾸미는 양색시들이 많아서였는지 고급 구두들이 잘 팔렸죠. 거기서 돈 번 사람들 많았어요.

문산에서는 얼마나 계셨어요?

문산에서 애들 가르치고 학교 보내고, 제가 32~33살 정도까지 있었죠.

거기서는 가게를 하신 건가요?

기술자로 있었어요. 가게 얻으려면 돈이 많아야 됐거든요.

기술자도 벌이가 괜찮았나요?

당시도 벌이가 좋았어요. 그런데 나중에 미군이 철수하니까 쑥밭이 되었

1970년대 파주의 문산 일대 미군 기지 모습

어요. 집값도 똥값 되고 장사도 안 되고 그랬죠. 닫은 집도 있고 버틴 집도 있었죠. 저도 미군들 있을 때 벌만큼 벌었으니까 나왔죠.

그럼 미군 나가고 난 다음에는 어떻게 하셨나요?

기술이 있으니까 저는 아무 곳이나, 아무 때나 갈 수 있거든요. 취직해서 돈 벌어서 먹고 살 수 있었죠. 우선은 울산에 가서 2년 정도 있다가 서울로 올라왔어요.

어디로 오셨어요?

명동에 '올림피아'라고 있었어요. 명동에서 알아줬죠. 공장은 회현동에 있었고요. 거기서 2년 정도 있었어요. 지금은 없어졌어요. 올림피아, 금강, 칠성, 계명, 분홍신, 옛날에는 다 알아 준 곳이에요. 그러다가 다시 또 문산으로 갔어요. 선금을 많이 줬거든요.

미군들이 나갔는데 일감이 있었나요?

그래도 좀 장사가 됐었어요. 거기서 그거 하다가 우연히 집사람이 털실로 조끼, 스웨터 만드는 일을 했어요. 수출품이었거든요. 양장점 일을 해봐서 그런지 잘 했어요. 잘하니까 주문이 계속 왔어요. 동네에 소문이 나서 너도나도 한다고 해서 배워가고, 집사람이 하청을 또 주고 그랬어요. 할 수 있는 만큼 하라고 줬어요. 사람 당 500장, 100장, 50장, 재하청을 또 주는 거죠. 저도 양화점 일에서 손 떼고 그거 날라다 주고, 색깔 실들 디자인에 맞게 계산해서 분배해 주고, 사이즈 붙어서 운송해 주고, 회사에 갖다 주면 돈 입금도 딱 해주고 그랬죠. 박 대통령 돌아가시고 전두환 말기까지, 나중에 노태우 때 가니까 수출길도 막히고 인건비도 안 나오고 해서 딱 손 털었죠. 6~7년 정도 했었어요.

그럼 그 일을 정리하고 다시 구두로 돌아오신 거네요.

그렇죠. 또 다시 이걸로 뛰어들었죠. 구두일 구하려고 돌아다녔는데, 명동의 피카디리극장 쪽 골목으로 오라고 하더라고요. 거기 가니까 공장들도 크고 사람들도 많더라고요. 거기가 에스콰이어였어요. 그래서 또 거기서 몇 년 했어요. 김대중 대통령 할 때까지 거기 있었어요. 한 10년 한거죠. 원래 거기 사장이 최영진이라고 명동에 큰 가게 점원이었어요.[04] 상대를 나와서 점원을 오래하다가 공장을 차렸어요. 기술은 없는데 돈이 있으니까 시작한 거였어요. 기술자랑 공장장 두고 물건 만들어서 납품하는 거죠. 본사는 성남에 있고 물건은 명동에다 댔어요. 그 에스콰이어 공장이 돈 많이 벌었는데 IMF 걸리니까 안 되는 거예요. 그때가 금 모으기 했을 때였죠. 공장이 올스톱 되었어요. 결국 IMF 한참 지나도 안 되니까 나도 딴 데로 옮겼죠. 구두 기술 가지고 있으니까 옮기는 건 열 번도 더 갈 수 있거든요.

사람들로 붐볐던 당시의 염천교 구두 가게

염천교 쪽에 처음 와 보셨을 때가 언제였어요?

노무현 대통령 때였어요. 15년 전쯤이었죠. 그때만 해도 경기가 좋았어요. 그 당시에는 물건을 택배를 부치지 않고 본인들이 와서 다 가져가야 돼요. 비닐봉지 큰 거 가져와서 아침 새벽에 와요. 근처 다방이 있었는데 사람이 바글바글했어요. 구두 일하는 사람들, 시골에서 구두 떼러 온 사람들, 다른 손님들, 앉아 있고 그랬죠. 또 시골에서 사장들이 오면 차 한

---

04 에스콰이어는 1961년 이인표가 명동에 세운 수제양화점에서 출발점이었다. 이후 2015년 주식회사 형지가 인수하였고 형지에스콰이어로 사명이 변경되었다.

잔 사주고 그랬어요.

그 이전에 염천교의 분위기를 혹시 기억하시나요?

김신조가 넘어올 무렵[05]에도 구두 가게들이 다 있었어요. 그때도 시골 사람들이 와서 자주 가서 띠어가고 그랬어요. 그때에는 택배가 없으니까 본인이 와서 가져가야 되죠. 아침 새벽에 와요. 그럼 가게 사장들 아침 새벽에 문 열어야 돼요. 문 안 열었으면 건물 2층에서 다방이 있거든요. 거기서 기다려야 돼요. 다방이 일찍 문 여니까요. 시골에서 보따리 가져와, 가방 가져와, 신발 가져오려고 왔는데 문을 안 열었어, 단골이니까 딴 데를 또 못 가거든요.

시골 사장님들이 딱 자기 단골집만 가는군요.

네, 그렇게 했어요. 다방에서 기다렸다 여기서 떼어가고, 보따리 가져가고, 아침에 여기가 바글바글 했어요.

15년 전에 여기 왔을 때도 다방이 있었나요?

그때 이미 다방은 없어져 버렸어요. 봉지 커피로 바뀌었거든요. 지금도 집집마다 다 그거 갖다 먹어요. 몸에 건강한지 안 건강한지는 잘 모르겠지만 저도 그거 먹이요. 다방 갈 수가 없지요. 다방에 가면 커피 한 잔이 지금으로 따지면 1,000~2,000원 받는데 봉지는 100~200원이거든요. 벌이가 안 되니까요. 그래서 그냥 타서 먹는 거죠. 다방 커피 마시려면 일하다 가야 하거든요. 그때 다방은 다 구두 공장으로 바뀌었어요.

---

05 김신조를 비롯한 북한의 무장간첩 31명이 청와대를 습격하기 위해 침투했던 1968년 1·21사태를 말한다.

선생님이 보시기에 왜 염천교가 구두 중심지가 되었을까요?

제가 알기로는 여기 서울역 주변이 저렴하잖아요. 건물도 허술하고, 건물 임대료도 싸고, 딴 데에 비해 싸거든요. 금방 헐어질 것 같죠. 바글바글 해요. 싸니까 다 여기에 자리를 잡은 거예요.

예전에는 비싸지 않았나요?

그때도 쌌어요. 다른 데에 비하면 싼 거죠. 다른 데는 비싸요. 맘대로 쓸 수도 없고요. 여기는 지금도 엄청 싼 거예요.

수제화 전통을 이어가야 하는 이유

수제화 만드는 일을 하는 사람들 중에 젊은 사람들이 많이 없죠?

제가 알기로 현재 서울에 45세 미만은 없어요. 구두는 사람 손이 들어가야 돼요. 기계로 만들어도 손이 안 들어가면 할 수가 없어요. 기술이 있어야 기계도 만들 수 있고, 요령이 있어야 되요. 컴퓨터처럼 기계를 찍어서는 못 만들거든요. 그런데 이게 앞으로 20년 정도 지나서 우리 같은 사람들 없어지면, 지금 50대가 70~80살이니까, 그 후배들도 나가면 정말 전통이 끊길 수 있어요. 기계도 많이 써요. 기계가 더 안전하기도 하고요. 다만 기계는 30% 정도밖에 안 되거든요. 나머지 손이 다 들어가야 돼요. 아무리 기계로 해도 손이 70%가 들어가고, 30%는 기계로 하는 거예요. 손이 안 들어가면 절대 안 됩니다. 뭐에다 넣어가서, 뭐가 찍어서 나오고, 이렇게는 안 되거든요. 기계는 만들 수가 없어요. 아무리 머리 좋아도 안 돼요. 사이즈가 같더라도 발이 넓은 사람, 좁은 사람, 다 있거든요. 빅 사이즈, 라지 사이즈, 스몰 사이즈도 있어요. 같은 발이라도 긴 사람, 넓은 사람, 다양하거든요. 그럴 때에 수제화가 없으면 안 된다는 거죠. 맞춰야 돼요. 발의 볼이 넓어서 항상 아프면 그곳을 넓게 만들어줘야죠. 여기가 아프면 여기를 넓게 만들어주는 거죠. 옆으로 삐쳐 있거나 발가락 뼈가 나오면 아파서 못 신어요.

그러면 선생님이 지금 만드시는 신발은 고객 개개인의 요구를 고려해서 만드신 거예요?

만들기 전에 그 사람의 발을 그려요. 모양을 그리고 이렇게 튀어나왔으면 거기다 표시를 많이 합니다. 그러면 '이 발은 이렇게 나왔구나.'해서 주의사항을 줘서 그 부분을 넓게 해주고, 또 발등이 높다고 하면 거기를 높여서 해주고, 그렇게 맞춰서 신죠.

그럼 주로 주문하는 사람이 주문하겠네요?

거의가 주문이에요. 우리 공장 같은 경우에는 70%가 주문이에요. 10켤레 만들면 7켤레가 주문이에요. 나머지는 그냥 놔두면 팔리는 거고요. 하루에 50개 만들면 우리 공장에서는 70%가 주문인거죠.

구두 장인의 자부심

선생님은 구두를 일찍 시작하신 거잖아요? 구두 배우는 거를. 일찍 하신 분들은 젊었을 때부터 구두 기술자로서 최고 대접을 받으신 거네요?

그러다시피 했어요. 젊을 때는 버스를 안타고 택시를 타고 다녔어요. 돈 잘 벌었으니까요.

구두 일로 돈을 잘 벌던 시기를 20대부터 60대까지, 상당히 오래 경험하신 거네요.

그렇죠. 그때도 잘 나갔죠.

선생님 되었을 때 굉장한 자부심이 있으세요.

지금도 자부심 갖고 있어요. 제가 나이 먹었어도 우리 공장에 있는 사람들 모두 저보다 젊어요. 그렇지만 손은 저보다 많이 느려요. 예를 들어 제가 10켤레를 만든다면 10시간 만에 끝내버려요. 그런데 다른 사람들은 15~16시간 걸려요.

네, 장시간 인터뷰 응해주셔서 감사합니다.

"여화는 예술, 남화는 노동력이라고 하죠"

| 이금채 |

주요약력	1949년 전라북도 김제 출생
	1968년 서울 상경. 남영동 노블양화점에서 구두일을 시작
	1971년 장위동 엘칸토에서 근무
	1970년 아현동에서 양화점 운영
	1972년 이대 입구의 양화점 분홍신 공장장으로 근무

면 담 자	김영미(국민대학교)
면담주제	염천교 구두장인들의 일과 삶
면담일시	2018년 10월 27일
면담장소	염천교 수제화 거리 더존댄스화 가게

영화를 좋아했던 어린 시절

이번 면담은 '염천교 구두장인들의 일과 삶'이라는 주제로 실시하는 서울역사편찬원의 구술채록 사업입니다. 오늘 인터뷰 하실 분은 이금채 선생님이십니다. 안녕하세요. 선생님. 우선 선생님의 유년 시절에 대해서 이야기해주십시오. 선생님의 고향이 어디인지, 어릴 적 가족과의 이야기나 학창시절의 추억이 있다면 말씀해 주십시오.

이금채라고 합니다. 1949년생입니다. 저는 3남2녀 중에 둘째에요. 전라북도 김제에 봉남鳳南이라는 곳에서 태어났어요. 봉남면 신기마을이라고 있었어요. 20~30호 정도 모여 살던 마을이었어요. 저희 할아버지는 경상도 분이신데 할머니 결혼하면서부터 거기에 살기 시작한 걸로 알고 있어요. 저도 학교는 그곳에 있던 봉남국민학교를 다녔어요.

김제라면 비옥한 곳인데요. 할아버님과 아버님께서는 계속 농사를 지으셨나요?

아버지는 일제강점기 때 김제에서 사금 채취하는 곳에서 전기기술자로 일했어요.

흥미로운 이야기네요. 사금은 어떻게 채취하는 건가요?

한강에 보면 배로 모래 채취하듯이 금도 그렇게 채취하는 모양이에요. 저도 어렸을 때 동네에서 돈 좀 있는 분이 시추선 같은 거 써서 사금 채취하는 걸 봤는데요. 일단은 강가를 깊이 팝니다. 거기에 모래나 금하고 섞여 있는 것을 한 20m 파고 들어가죠. 거기서 채취를 해요. 물론 금맥을 찾아도 땅을 사야 할 수 있는 거예요. 갑부가 된 사람들이 있다는 얘기도 조금 들었어요.

그 당시 전기 기술자라면 상당히 먹고 살만 했을 텐데요.

일제 때는 전부 배급인 것 같은데, 어쨌든 풍족하게 살았던 것 같아요.

논도 한 20~30마지기 지었어요. 우리는 남들 보리밥 먹을 때, 우리 클 때 저희는 보리밥 안 먹었습니다. 쌀로만 먹고 컸어요. 갑부 소리 들었죠.

어린 시절 만드는 걸 좋아하셨나요? 구두 만드는 소질 같은 건 혹시 어릴 때 안 보이셨나요?

글쎄요. 오히려 어렸을 적에는 까불까불하고 노는 걸 좋아했죠. 옛날에는 영화관을 좋아했었어요. 15~16살 때부터는 서울 와서 보기도 했어요. 하루 여기서 자고 그랬죠. 집에서 돈을 안 주면 쌀 팔아다가 가서 봤고요. 옛날에는 동네가 면이고 읍이니까 영화가 좋은 건 안 들어와요. 서울에 오면 개봉관들이 많잖아요. 피카디리나 대한극장이나, 이런 곳에서 영화를 한두 편 보고, 그리고 내려가고 그랬습니다. 잠은 여인숙에서 자고요.

서울 상경, 남영동에서 하견습으로 구두일을 시작하다

본격적으로 서울에서 살기 시작한 것은 언제였어요?

아마 1967년인가 1968년도인가 될 겁니다. 제 기억으로는 1968년도쯤 올라온 거 같아요. 서울을 가려고 옷도 싹 맞춰 입고, 신발도 남들 안 신는 구두, 그 때만 해도 구두라 하면 웬만한 사람은 잘 안 신었어요. 고무신이나 신고 그랬었죠. 그런데 서울에 올라왔는데 옛날엔 그 넝마주이들, 그 쓰레기 줍는 사람들, 그런 사람들한테 걸렸어요. 아무래도 촌티가 났나 봐요. 넝마주이한테 걸려가지고, 옷 다 뺏기고, 돈 다 뺏기고 그랬어요. 그렇게 해서 지금 여기 남대문 시장을 딱 지나가는데 어느 한 분이 불러요. 나이가 지긋한 여자분이예요. 시골서 왔냐고 물어봐요. 그때는 밥도 굶었어요. 돈이 없으니까요. 중국집에 취직을 한번 해보라는 거예요. 우선 밥을 먹어야지 되겠으니까, 아서원이라는 중국집을 갔습니다. 처음 들어가니까 그릇을 닦으라고 그래요. 그렇게 그릇을 한 달 정도 좀 닦다가 보니까 제 사촌이 구두 계통에 있더라고요. 우리 사촌이 저하고 나이가 똑같은데 먼저 올라왔어요. 그런데 그 사촌이 "너는 이러면 안 되겠다. 구두 일, 나 하는 일을 배워라."라고 했죠. 그래서 이 구두 일을 하게 됐죠.

처음에 구둣방은 어디 있었나요?

처음에 시작한 데는 남영동이었어요. 노블양화점이라고 했던 거 같아요. 거기서 8개월인가, 1년인가, 그 정도 했어요. 그 다음에 명동의 이태리제화라고 있었어요. 그때는 명동이 최고였죠. 톱이었어요. 거기로 가서 몇 년 했죠.

양화점에 처음 딱 갔을 때 구두 일은 어땠나요?

지금은 이런 기계 시설이 잘 되어있어서 기계로 다 하잖아요. 사람이 별로 안 하고요. 그때는 전부 다 손으로 했어요. 빼빠로 문지르면 구두창을 접착을 시켜야 하거든요. 그 빼빠질을 막대기에 감아가지고 손으로 다 했어요. 지금은 모터로 다 하죠. 저도 남의 집 하견습부터 시작했어요. 여러 곳을 거쳤죠. 당시에 뭐 엘칸토라든지, 우리 일하는 사람들은 한 군데서 오래 안 있어요. 많이 돌아다닙니다.

처음에 일을 배우신 것은 남영동에 사촌 소개로 간 노블양화점인데요. 거기에서 일했을 당시 돈은 얼마나 받으셨나요?

저는 밥만 먹기로 하고 갔습니다. 잠도 가게에서 잤죠. 선생은 집에서 자고, 우리는 가게에서 가죽 같은 거 펴 놓고 자고, 작업장이 자는 곳이죠. 지금은 공장을 갖고 있는 데도 많지만 그 전엔 다 이렇게 가게 뒤에서 조그맣게 작업장을 만들어서 그냥 했어요. 거기 남영동 노블양화점은 선생 하나, 상견습 하나, 제가 하견습, 그렇게 셋이 했어요. 조그만한 양화점이죠.

오늘날의 남영동 일대 전경

거기서 8~9개월 있다가 명동의 이태리제화로 간 거죠.

하견습은 어떤 일을 하나요?

빼빠질이나 하는 거죠. 여름 같은 때는 빼빠가 막 묻어요. 고무 가루 같은게요. 그런데 또 씻으러 가면 맞아요. 그거 씻는다고요. "그냥 가서 살살 털지 왜 씻으러 가냐? 시간 없는데." 그래도 참 그걸 배운 거 보면 저도 좀 신기해요.

기술은 어떻게 가르쳐주나요?

기술은 눈으로 보고 배웁니다. 잘 가르쳐주지 않아요. "이거 해봐라. 이거 해라." 이렇게 하지 않아요. 선생이 만약 퇴근하잖아요. 그러면 저도 한번 이렇게 연습하는 거죠. 갑피를 입히고, 골을 감싼다고 해요. 아침에 또 나오면 전부 다 준비 딱 해놓고, 칼도 딱 갈아놓고 그랬죠.

그러면 몇 시간 못 자셨겠네요.

잠은 충분히 자요.

만약 요즘에 10대들한테 그걸 시키면 아무도 안 할 거 같아요.

지금은 배우려는 사람이 없어요. 배우는 사람이 없으니까 발전도 없는 거예요. 역사적으로 보면 구두라는 것이 원래 일본 사람들이 와서 가르친 거예요. 전부 연장이 일본 말이에요. '고소리' 다 이래요. 다 일본말이죠.

일본 사람한테 구두를 배웠다는 분 얘기 들어보셨어요? 일본 선생한테 구두를 배웠다고 말하는 선생이 혹시 있었나요?

옛날 선생은 잘 모르겠어요. 그렇지만 저희 예전에는 엘칸토 같은데 보면 일본에서 장인이 와가지고 실습을 해줬어요. 쭉 세워놓고 이제 보는 거죠. 우리나라 선생들이 딱 봐요. 그 장인이 어떻게 신발을 만드는지요. 몇 번 본 적이 있습니다. 일본도 장인이 몇 분이 안 계신다고 그래요. 그러니까 그 장인은 패턴부터 전부 만드는 거예요. 지금은 따로 있잖아요. 패턴 만드는 사람, 위에 뚜껑 만드는 사람, 갑피라고 얘기를 하죠. 바닥 만드는 사람, 지금은 이렇게 분야가 나눠져 있어요. 그 전에는 그게 아닌 모양이에요. 구상을 하고, 만들고, 자기가 혼자 다 제조를 하는 거죠.

제화공 문화와 급여 체계

남영동에서 견습 생활을 하신 다음에 명동으로 가실 때에는 어떻게 가셨나요?

명동 갈 때도 하견습이었어요. 몇 개월 배웠다고 바로 상견습이 되는 것은 아니니까요. 상견습이 시키는 대로 일하는 가죠. 그래도 몇 푼씩 받고 했어요. 이거 하라면 이거 하고, 골을 싸주면 옆에서 본드 칠하고 하면 칠하고, 그러면서 배우는 거예요. 예를 들어서, 한 켤레 만들어 내는데 1,000원을 받는다고 하면 선생이 500원 먹으면, 상견습이 300원 먹고, 제가 200원 먹는 거죠.

명동의 이태리제화에 계시다가 몇 군데나 옮기셨어요?

기억은 잘 안 나요. 많이 옮기긴 했는데요. 어쩔 때는 1주일 만에 옮긴 적도 있었어요. 일을 잘 하면 어디서든 초빙을 해요. 선금을 먼저 주죠. 지금 돈으로 100만 원이면 100만 원을 선금으로 먼저 주는 거예요. 이제 그런 거 바라고 선금 받고 가서 연장 놓고 도망쳐 올 때도 있고 그래요. 그 당시를 보면 무질서하다고 봐야죠. 지금은 그런 게 없지만요. 그 전에는 그런 게 많이 있었죠.

명동 이태리제화는 규모가 어느 정도 되었나요?

직원이 한 12명 정도 됐을 겁니다. 매장 점원들 빼 놓고 일하는 사람들만요. 견습생들 다 포함해서요. 거기 이태리제화는 매장이랑 공장이 분리되어 있었어요. 좀 큰 데는 분리가 많이 되어 있었어요. 명동은 세가 많으니까 거기서 할 수가 없잖아요. 변두리라든가 나가서 있거나 건물 옥상에 있거나 했어요. 제가 일했던 공장은 회현동에 있었어요. 남대문 올라가는 쪽이에요. 대신 거기는 숙식을 해결 안 해줬어요. 방을 하나 얻어서 자취를 했어요. 혼자서는 안 되고, 3~4명 친구들끼리 했죠. 시골서 올라 온 동창이나

오늘날의 명동 거리

학교 동창, 아니면 여기서 만난 견습들끼리 하는 거죠.

그럼 그런 분들 모였을 때 "어디 가면 월급 많이 준다더라. 어디로 가자." 이런 의논들도 하나요?

그렇게 얘기를 많이 하니까 많이 주는 데를 찾아서 가는 거죠. 그리고 당시에는 누가 "어디서 많이 준다. 어디서 많이 한다." 그러면 상견습도 안 되는데 하견습이 상견습이라고 하면서 가는 거예요. 딱 해보면 알잖아요. 상견습인지, 중견습인지, 그래서 쫓겨나는 데도 있고 그랬어요.

하견습에서 상견습으로 올라갈 때는 매장에서 올려주는 게 아니고 본인이 할 수 있겠다고 했을 때 올라가는 건가요?

그렇죠. 그리고 같은 매장에서 올리는 것 보다는 다른 곳에 가서 상견습이라고 하는 게 더 많죠. 저도 한 2~3년 하견습 했어요. 대신에 상견습은 제가 별로 안 했어요. 바로 그냥 선생으로 독립을 했었죠. 그쯤에 엘칸토에도 있었어요. 그게 장위동 쪽이었던 거 같은데 확실하게 기억은 안 나네요. 직원은 많았어요. 한 30명 정도 있었어요. 저는 거기 선생으로 갔었죠.

메이커 브랜드의 기술력 차이가 있었나요?

라스트의 골 모양이 최고로 중요하거든요. 골 모양이 좋음으로 인해서 구두도 좋아지고 편해지고 그러는 거거든요. 발 모양이죠. 그런 데는 전반적으로 그거만 전담으로 해서 깍는 사람들이 있어요. 작은 공장은 그런 게 없거든요.

20대 초반 아현동에 가게를 내다

엘칸토에서 기술을 많이 배우셨나요?

구두는 소재하고 골 싸움이에요. 특히 소재를 어떻게 쓰느냐 이거에서 천지 차이가 나는 거죠. 메이커들은 좋은 거 많이 쓰죠. 패턴부터도 다르죠. 우리가 옷을 입으면 고급옷을 입었을 때랑 다르잖아요. 구두도 똑같아요. 거기서 일했넌 게 도움 많이 됐어요. 그렇게 해서 남영동 하견습에서 선생까지 하고서 4~5년 만에 시골에 내려갔어요. 견습일은 다 하고, 선생으로 있을 때에요. 그런데 그때 저희 집이 농사를 많이 짓는데 하천이 돈이 된다고 돈을 받아 놓은 게 있더라고요. 가니까 자식이라고, 제 몫이라고 줘요. 그때 그래서 제가 아현동에다가 가게를 냈습니다.

재산 분배를 받으셨네요.

아마 오백 얼마였던 거 같아요. 그때 신림동에 3층 50평짜리 집을 살 수 있는 액수였어요. 그렇게 그 돈을 갖다가 아현동에다가 차렸는데, 제가 하도 까불고, 가게는 제쳐놓고 돌아다니다 보니까 10달 만에 다 털어먹었어요. 그 때는 구두가 잘 될 때였는데, 주인이 그 모양 그 꼴로 사는데 잘 될 턱이 없죠. 그래도 거기에서 만난 집사람이 제가 살고 있는 지금 마누라입니다.

거기서 어떻게 만나신 건데요?

손님 대 주인으로서 만난 거죠. 서울 토박이에요. 그런데 10달 만에 다 털어먹으니까 돈이 없을 거 아닙니까. 그래도 인정을 해주고 같이 인제 살아줬어요. 그때 참 고생 많이 했습니다. 남영동에 와서 2층 다다미방, 그때도 일본집이 많이 있었어요. 거기서 다다미방에서 몇 년 살았죠. 그때부터는 제가 정신없이 일을 했습니다. 한 눈 안 팔고요. "이렇게 해서 안 되겠지, 인제 마누라도 있는데." 그런 걸 생각하면 지금도 눈물이 납니다.

가게 운영할 때 만든 구두의 디자인도 선생님이 직접 하신 건가요?

디자인은 실장을 따로 뒀어요. 저는 저부였거든요. 실장이 패턴을 내고 바닥은 제가 했죠. 대신 제가 구두 디자인을 골라주는 거죠. "어느 집에 가면 이게 잘 나왔더라. 조금 이렇게 변경을 해서 하면 더 낫지 않겠느냐." 이런 식이죠. 어디 가면 직업은 속일 수 없다고 그러죠. 버스를 타면 신발부터 한번 돌아 봐요. 직업이니까요. '아 저 신발은 발이 편하겠다. 이 신발은 편치 않겠다.' 그리고 '저 구두는 비싼 구두다, 이 구두는 싼 구두다.' 그것부터 보죠. 어쨌거나 아현동의 그 매장은 집에서 돈 갖다가 한 거였어요. 제가 선생을 하니까 금방 돈을 벌 것 같았거든요 그런데 해보니까 그렇지도 않았어요.

문제가 있었나요?

가게 위치도 좋아야 되지만, 사장이 그만큼 노력을 해야 되죠. 저는 그냥 벌려만 놓은 거예요. 경험이 부족한 거죠. 그래서 열 달 만에 다 털어먹었다니까요. 장사도 안 될뿐더러 사장이 딴 데 돌아다니는데 종업원들이 얼마나 하겠습니까.

아현동에 매장 냈을 때가 몇 살쯤이셨어요?

아마 22살이었던 거 같아요.

젊은 사장이었네요. 손님들은 많이 왔어요?

여자 분들이 많이 오셨어요. 그리고 손님들이 "사장 나오라."고 해서 나가 보면 사장이냐고 물어보고 그랬어요. 나이가 어리니까 아무래도, 나중에 알고 보니까 너무 미숙했던 거 같아요. 제가 생각이 너무 짧고 모자랐던 거죠. 그때 사장을 안 했어야 했던 거죠. 땅이나 집을 사놨다면 갑부 소리 들었겠죠. 그렇게 해서 보니까 안 되겠더라고요. 그래서 아현동 공장은 때려 치고 지방을 내려가서 진주에 점원으로 좀 가봤습니다. 6개월 정도 점원 노릇 했었죠.

아현동 가게 폐업 이후 이대 '분홍신'까지

진주로는 어떻게 가시게 된 거에요?

선배가 진주 사람인데 "와서 한번 해봐라. 네 얼굴도 괜찮고, 또 구두에 대해서 알고 이러니까." 그랬죠. 지방에서는 점원을 구하려면 힘들잖아요. 그래서 간 거죠. 손님하고 판매만 했는데, 하다 보니까 별로 그렇게 신통치가 않았어요. 월급도 쓰기 바빴죠. 젊은 사람이 장가를 간 것도 아니고요.

그래서 6개월 하고 올라왔어요.

점원하고 선생하고는 급료 차이가 많이 나죠?

점원은 월급쟁이에요. 선생들은 하는 대로 먹지만 아마 선생이 훨씬 많을 겁니다.

아직 결혼하기 전인 거죠?

그렇죠. 그래서 서울로 다시 오니까 돈은 한 푼도 없고, 지금 저하고 살고 있는 와이프가 저를 먹여 살렸습니다. 그때 와이프가 회사를 다녔거든요. 몇 개월 그렇게 살다가 '이러면 안 되겠지' 하면서 밤낮없이 일을 했던 거죠.

그래서 어디에 취직을 하셨어요?

옛날에 이대 입구에 '분홍신'이라는 곳에서 일했어요. 그쪽 가게들이 크지는 않았는데 많았어요. 거기 공장장으로 갔었죠. 이대 입구 앞에 줄줄이 가게들이 있었는데 참 잘 됐어요. 세도 비싸지만 그 당시에는 가게들이 엄청났어요. 조그만 가게에 점원들이 네다섯 명이 있었는데, 그 당시만 해도 가죽을 별로 쓰지를 않았어요. 비닐이나 합성 피혁으로 만들었죠. 지금은 소비자 고발 센터에 구두가 나쁘다고 신고하면 다 걸리죠. 당시에는 그런 게 없으니까 부르는 게 금값이었어요. 이대 입구에 분홍신이라는 곳이 이름만 다른 가게만 3개였어요. 사장이 3개를 운영하니까 기술자들이 뭐 어쩔 때는 12명도 되고 해요. 많이 있을 때는 봄철 같은 경우에는 눈코 뜰 새 없었죠. 이제 거기서 공장장을 하면서 돈을 모으기 시작했죠.

역시 남자는 결혼을 해야 되네요. 그럼 분홍신에서는 얼마 정도 일 하셨어요?

아마 오래 있었을 겁니다. 3~4년, 4~5년 정도 됐을 거예요. 그렇게 일을 하다가 이제 사장이 "한 번 네가 한 번 다 맡아서 해봐라. 가게까지 전부 다."라고 해서 가게까지 제가 다 인수를 해버린 거죠. 그냥 밀어붙었죠. 젊으니까요. 그때는 기술도 있겠다, 열심히 해서 모은 돈도 좀 있겠다, 이러다 보니까 공장을 운영하게 됐죠. 초창기에는 잘 됐어요. 물론 장사가 계속 잘 되지는 않았고요. 초반에 그때 판매량이 토요일 같은 때, 일요일 같은 때는 많이 오를 때는 한 700~800만 정도 돈이 있었어요. 엄청났었죠. 거기서 제가 돈 좀 벌었습니다. 그런데 돈도 많이 버니까 하기가 싫어져요. 그때 동대문에 두산타워라든지 밀리오레라든지 이런 데가 많이 이렇게 활성화가 되어있는데, 그 사람들이 저보고 들어오라고 하더라고요. 그래도 하기가 싫었어요. 그래서 이대 가게를 싹 정리하고 대흥동에 있던 공장만 남겼어요. 그리고는 안산에다가 고깃집을 냈었죠.

이대 분홍신을 정리한 후 고깃집을 시작하다가 IMF를 맞다

두산타워나 밀리오레에 안 들어가셨어요?

네, 그때 생각해보니까 그랬어요. 세는 너무 비싼데, 돈은 줄어드니까 그걸 운영할 수가 없겠더라고요. 그래서 가게만 정리하고 그냥 공장만 운영했던 거죠. 제가 하기 싫다니까 집사람이 "나, 땅 사놨네." 그래요. 안산에다가 집 하나 지어가지고 고깃집을 한 번 해보겠다고 그러더라고요.

이쪽 부인 분들이 내조도 되게 잘하시는 거 같아요. 동업? 도와준다고 할까요? 판매라든지 보조 활동 하시는 분들이 많이 계신 거 같아요.

그런 게 많이 있죠. 구두 하는 사람들이 부부지간에 하는 사람들이 많이 있어요. 나이가 든 경우는 가게 같은 거 정리할 때는 전부 다 부인이 보는

2000년대 이대거리 매장에 진열된 구두

거죠. 저는 공장에서 일하고요.

이대의 가게들을 다 정리하시고 안산에서 고깃집을 냈으면 이제는 구두를 안 하신 건가요?

저는 구두를 했죠. 일을 다녔습니다. 와이프가 집을 지어 가지고 고기집을 한 거죠. 고깃집하고 구두하고 같이 할 수가 없었어요. 사람이 없잖아요. 그래서 고깃집을 선택한 거죠. 구두는 인제 신물이 나서 싫어졌으니까요. 저도 공장일 하면서 곁다리로 했어요. 고깃집이 처음에 내니까 잘 됐어요. 그런데 구제역[01]이 생기고, 소 파동[02]이 생기고 이러니까 안 되더라고요.

---

01 구제역 바이러스에 전염되는 전염성 높은 가축의 급성전염병이다. 공기를 통해 호흡기로 감염된다. 우리나라에서는 1934년 처음 구제역이 발생했으며, 이후 66년 만인 2000년 경기도 파주 지역에서 발생해 충청도 지역까지 확산되었다. 2002년과 2011년에도 구제역이 발생하여 전국적으로 확산되었다.

02 1997년 IMF 이후 배합사료와 축산기자재 등의 가격이 폭등한데 반해 한우 가격이

IMF 때 같이 소 파동이 생겼거든요. IMF랑 겹치니까 어떻게 할 바를 모르겠어요. 식당이 작은 게 아니고 종업원만 한 12명 됐었어요. 크게 했어요. 땅을 300평 사가지고 거기다 집을 지어서 고깃집을 했는데 처음에는 주말 같은 경우에는 (매상이) 1,200씩 오르고 그랬어요. 그래서 "야, 이걸 진작에 했어야 되는데" 그랬는데, 바로 한 3개월 하니까 소 파동이 나고, IMF 오고, 어쩔 수 없잖아요. 그것도 때려치웠죠. 그리고 저는 계속 구두일을 다녔죠.

염천교로의 정착

그럼 염천교로는 언제 오신 건가요?

20년 정도 된 거 같아요. 제가 이제는 돌아다니지 않고 숨어서 일을 하려고 했거든요.

숨어서요?

그냥 남들 중에 아는 사람도 있고 이러니까요. 어디 안 가고 숨어서 일을 하려고 여기를 선택한 거예요. 그래서 댄스화 만드는 곳을 선택을 한 거죠. 여기 올 때 대흥동에 있던 공장도 때려치우고 왔어요. 처음 여기 올 때 댄스화를 하려고 온 거죠. 댄스화 붐이 일어난 건 얼마 안 됐어요.

요즘은 견습이 있나요?

견습들은 없어요. 선생이 다해요. 지금은 견습이 거의 없어요. 선생이

폭락한 사태를 말한다. 그 이전까지 소값은 지속적으로 상승하는 추세였으나 수입쇠고기가 대량으로 들어오는 상황에서 IMF까지 겪으면서 1/3~1/4 정도로 가격이 폭락하였다.

완성까지 다 하는 거죠. 지금은 기계가 다 품목 별로 만들어 줘요. 만약 바닥 창이면 창이 다 가공되어서 와요. 그러니까 붙이기만 하면 돼요. 옛날처럼 그런 게 아니니까 선생 하나만 필요한 거예요. 또 배우는 사람도 더 없고요.

20년 전 선생님께서 염천교에 오셨을 때 여기는 번성할 때였나요?

20년 전이니까 아무래도 지금보다는 나았죠. 물론 성수동이 번성을 해가면서 염천교가 죽기 시작했을 때였어요. 지금은 다 성수동에 몰려 있습니다. 예전에는 염천교를 알아줬는데 지금은 그렇지가 않죠. 이제는 성수동 쪽이죠. 그런데 성수동도 이제는 어려워요.

도매 위주의 염천교

이대에서 분홍신 매장을 하실 때 염천교하고 관계는 어땠나요?

염천교도 좋았죠. 그 당시에 분홍신을 할 때는 염천교가 살아있기 때문에 이대 입구도 살아있던 거였죠. 그때는 지방에서 올라오면 서울역이 가깝잖아요. 지방을 가보면 물건이 다 갖춰 있는 데가 별로 없어요. 진주 같은 곳은 전부 여기서 부친 걸 팔아요. 서울은 원한다면 바로 가서 사올 수가 있잖아요. 파는 데도 판매장도 많이 있고, 부속상들도 많이 있고요. 그렇지만 딴 데는 그렇지 않아요. 지방 같은 데 가면 없어요. 부속 파는 데가 별로 없어요. 부산만 가도 그래요. 별로 없어요. 원래 부속상들도 염천교에 많았는데 지금은 성수로 다 갔어요.

이대에서 분홍신 매장 하실 때 이대 쪽에서 염천교에 신발을 갖다가 파시는 집들이 많았나요?

거기 이대 입구는 소매상으로 파는 데죠. 염천교는 도매죠. 지방이나 이런 곳에다 많이 파는 데죠. 구두나 가죽, 부속, 장식은 다 염천교 와서 사 갔죠.

아까 분홍신에 있을 때 합성 피혁 신발이 등장했다 그랬는데요. 그 전까지는 가죽으로 만들다가 갑가지 합성 피혁으로 넘어간 건가요?

합성 피혁도 어느 날 갑자기 등장한 건 아니었어요. 남자 것은 가죽으로 많이 했었는데요. 여자 것은 전에도 합성도 썼거든요. 왜냐하면 합성 피혁은 색깔이 다양하잖아요. 그러기 때문에 합성 피혁을 많이 사용했던 거죠. 그리고 그 당시만 해도 우리나라는 말하기 뭐하지만 기술이 떨어졌기 때문에 일본 것을 많이 갖다 썼어요. 일본에서 만든 합성 피혁을요. 이제 세무[03]라든지 이런 것이 많이 있거든요. 우리가 물세무[04]라고 얘기를 해요. 인조 가죽이라고 말하듯이 그런 세무에요. 일본에서 많이 갖다 썼어요. 1980년대였죠. 단가도 많이 남았어요. 그러니까 합성을 쓴 거죠. 그리고 그 때는 정찰제도 아니고, 사람 봐서 부르는 게 금이었으니까요. 또 그때는 그게 유행이었어요. 비닐 신발은 물걸레로 바로 닦으면 되니까, 그런 신발이 유행이었죠. 유행이라는 것이 어떻게 할 수가 없어요.

03 스웨이드(Suede) 구두를 말한다. 새끼 양이나 송아지 가죽, 혹은 그와 유사한 것을 이용해 부드럽게 보풀려서 만든 가죽을 사용해서 제작한다. 합성피혁으로 만들기도 한다.

04 스웨이드 구두 중 물세탁이 가능한 종류를 말한다. 가죽이 아닌 폴리에스테르로 제작한다.

구두 업계의 열악한 처우와 그 이유

구두 하시는 분들이 이제 기술도 개발하고, 근로 환경도 개선하려면 조직 같은 거를 만들어야 되잖아요. 그런데 왜 그런 권익 조직 같은 게 안 생겼을까요?

이게 회사처럼 근무하는 게 아니고 이게 일종의 자유업 비슷한 거에요. 그러기 때문에 그러는 거 같아요. 이번에 조합을 만드는 건 활성화가 좀 되는 거 같아요. 이대 입구 때 선생들이 임금 투쟁 같은 거 한 적은 있어요. 연합은 아니고 주인을 향해서였어요. 그래서 작은 공장이고 하니까, 다른 곳이랑 연합도 안 되죠. 서울역에서 한 적도 있었어요. 조직도 만들려고도 했는데 흐지부지 해 가지고, 잘 되지도 않더라고요.

오랫동안 구두를 만들어 오셨는데, 제화기술 전승이나 좋은 신발을 만들어 내는 문화를 유지할 수 있는 방안은 뭐라고 생각하세요?

지금은 구두보다 운동화가 굉장히 발전한 것 같아요. 운동화가 기능성 운동화가 엄청 많이 나와 있어요. 우리가 시작 할 때는 운동화가 없었어요. 그냥 고무신만 있었거든요. 지금은 운동화 중에 구두보다도 훨씬 비싼 것도 많아요. 또 구두에 대해서도 노력을 안 한 점도 있고요. 그리고 심한 말이지만 우리 옛날 기술자들이 조립하는 데에만 신경을 썼지, 기술에는 신경을 안 썼어요. 그게 좀 잘못 됐다고 봐요. 일본 문화를 배워서 그런 것 같아요. 원래부터 그렇게 해서 해왔으니까요. 한 사람이 처음부터 끝까지 만드는 게 아니라 조립을 해서 만드니까 기술 개발이 안 됐던 거예요. 이태리 외제를 만나 보면 확연히 다릅니다. 좋은 신발을 대할 때는 뜯어보면 확실히 알아요. 만약 좋게 만들라면 좋은 물건이 많이 들어가야 되거든요. 저도 그런 걸 많이 느껴요. 그리고 이것도 어떤 사회에 따라 가는 것 같아요. 구두만이 아니라 어떤 장사든지 옛날처럼 그렇게 잘되는 장사는 이제는 없는 거 같아요. 외국에서 수입하기도 하고요. 또 운동화도 잘 나오고 하니까요. 열차에 타서 보면 구두 신은 사람이 그렇게 많지 않아요. 운동화만 신죠.

기계화가 많이 되었다고 그랬는데요. 그렇다면 처음에 배웠던 기술들을 지금도 쓰나요?

처음에 구두 만들 때 접착제란 게 별로 없었어요. 찹쌀풀을 넣어가지고 전부 꿰매서 만들었습니다. 그러다가 제가 배우기 시작할 때 바로 접착제가 나왔거든요. 예전에는 다 꿰맨 신발이었어요. 그걸 대다리 신발이라고 해요. 가죽으로 꿰맨다는 얘기에요. 지금은 그런 신발이 별로 없죠. 기계들이 나와 있으니 기계로 많이 꿰매죠. 그런데 손으로 꿰맨 신발은 무거워요. 창을 다 덧대고 하기 때문에요. 지금은 전부 다 사람들이 가벼운 거 신고 떨어지면 버리고 그러거든요. 손으로 만들면 뒤틀리지가 않고 변성이 없어요. 가죽을 이제 어떤 것을 쓰느냐에 따라서 다르겠지만 대다리 신발은 무겁지만 안정감이 있습니다. 외제 명품들은 전부 다 그런 식이에요. 전부 대다리 신발이에요. 꿰맨 신발들이죠. 지금은 기계들이 손으로 꿰맨 것처럼 만들 수도 있어요. 큰 데는 다 있습니다. 그걸 활용을 못해서 그런 거죠.

구두 장인의 기술과 디자인

선생님만의 디자인 같은 게 혹시 있나요?

구두는 특허라는 것이 없는 거 같아요. 우리가 옛날에 신발을 잘 만들려고 하면 일본을 주로 갔어요. 일본이나 이태리 같은 데 가서 사진을 찍어와서 그대로 만들었죠. 장식 같은 것도 장식집 사장님이 이태리 같은 데 가서 찍어서 여기서 만들었어요. 그런 경우가 많았죠. 이태리 다니면서 윈도우에서 찍고 그랬을 겁니다.

선생님은 여화 전문이세요?

여화 전문이죠. 여화랑 남화가 달라요. 남화는 단순해요. 이제 여자는 허리가 휘어지고 이러잖아요. 굽이 높아서 허리가 휘어지기 쉬운 거죠. 남자는 그게 없잖아요. 조금 높아봤자 신으면 한 4cm 정도밖에 안 신어요. 구두 생명은 라스트에요. 그것을 어떻게 잘 깎느냐죠. 그래야 발도 편하죠.

남화보다 여화를 만드는 게 더 어렵겠네요.

아마 비슷할 거예요. 어렵다고 하기는 좀 그렇지만 여화가 그래도 신경이 더 많이 가죠. 굽을 맞추는 사람 cm대로 다 달라서 요구한 게 있을 거 아니에요. 쉽게 이야기 하면 7cm로 해달라든지 8cm로 해달라든지, 그러기 때문에 난이도가 있죠. 그리고 여화 할 줄 아는 사람은 남화도 잘 만들어요. 남화 만드는 사람은 여화를 잘 못 만들어요. 대신 남화는 힘이 들어요. 발도 크고 덩치도 있고 이러니까, '여화는 예술'이라고 얘기를 하지만 '남화는 노동력'이라고 얘기를 많이 해요. 여화는 섬세하게 만들어야죠. 남화는 일정하게 정해져 있으니까 대신에 튼튼하게 힘이 많이 들어가는 거고요.

네, 장시간 면담을 해주셔서 감사합니다. 인터뷰는 이것으로 마치겠습니다.

사진협조

개인 박재열, 박해권

기관 국가기록원, 서울역사박물관, 서울연구원, 양천구청, 파주시청

서울역사구술자료집 ⑫

구두 한 켤레에 일생을 담다
- 염천교의 구두장인들

발 행 인	서울역사편찬원장 이상배
발 행 처	서울역사편찬원(history.seoul.go.kr)
	서울특별시 송파구 올림픽로 424 올림픽공원(02-413-9622)
기 획 · 편 집	박명호(시사편찬과장), 류상진, 최동녕
발 행 일	2021. 6. 30.
판 매 가	10,000원
디자인 · 인쇄	학고방(02-353-9908)
사 진 촬 영	단아문화예술협동조합

발간등록번호	51-6113542-000064-01
I S B N	979-11-6071-119-6
	978-89-94033-11-2(세트)